유튜브 떡상의 비밀
알고리즘 파도타는 9가지 기술

공학박사 유튜브 크리에이터가 밝히는
알고리즘 파도타는 9가지 기술

전상훈 · 최서연 공저

프롤로그

공학박사인 두 저자에게 지인 혹은 강연을 하는 자리에서 항상 듣게 되는 질문이 있다. 박사세요? 유튜브 크리에이터세요? 정답은 둘 다 맞는 이야기이다. 일명 학자라고 하는 박사가 호랑이와 판다, 심지어 드론 비행까지, 현장에서 땀 흘리며 촬영하는 것이 모두에게 이상하게 들릴 수도 있다. 하지만 만약 우리가 박사라서 고상한 강연이나 강의만을 한다면, 과연 조회 수 100만 이상 떡상 영상이 나올 수 있었을까? 2021년 교육부 조사에서 초등학생 4위 희망 직업이 유튜브 크리에이터라는 기사가 나오는 요즘, 이제 유튜브가 콘텐츠 제작뿐만 아니라, 광고 심지어 생활 속 정보를 얻는 대세 수단으로 자리 잡았다. 또한, 초등학생, 성인, 가정주부, 취업준비생 심지어 노년을 준비하는 실버 세대에까지 너도나도 유튜브 크리에이터가 되겠다고 한다. 그렇다면, 과연 유튜브 크리에이터가 되는 길이 그렇게 쉬운 길일까?

답을 드리자면 시작은 쉬우나 과정은 결코 만만치 않다. 쉬운 "떡상은 없다"라는 것이다. 누구나 쉽게 시작할 수 있는 유튜브 크리에이터. 구글 계좌를 개설해 채널만 만들면 된다. 문제는 채널만 만들었다고 해서 유튜브 크리에이터라고 부르기는 힘들다는 것이다. 또, 그들이 이름만을 얻기 위해서 유튜브 크리에이터를 하는 것도 아니라는 점이다. 유튜브 크리에이터라면 누구나 한 번쯤 받았으면 하는 상이 바로 떡상이다. 하지만, 안타까운 사실은 떡상이 절대 쉽게 오지 않는다는 것이다.

그럼, 떡상은 영원히 받을 수 없는 상인가? 참고서나 과외를 받고 우수상을 받듯이 어디 참고할 만한 참고서는 없는 것인가?

맞다. 유튜브 크리에이터를 시작하려는 분들이 참고할 만한 지식과 정보는 너무나 제한적이다. 그러나 하나는 안다. 추천 알고리즘이라는 파도를 타야 한다는 것. 떡상 콘텐츠 제작 방법이나 유튜브 스튜디오에 대한 정보는 넘쳐난다. 하지만, 정작 그들이 참고할 만한 유튜브 추천 알고리즘에 대한 이해나 해석 방법에 대한 정보는 턱없이 부족하다. 유튜브 크리에이터로 성공했다는 책을 읽어봐도, 지금의 유튜브 알고리즘과는 전혀 상관없는 이야기가 대부분이다. 즉, 유튜브 알고리즘은 더욱 정교하게 진화하고 있는데, 벤치마킹할 성공 사례는 많지 않고, 알고리즘에 대해서 어떻게 대응할지 막막하기만 하다.

'유튜브 알고리즘이라는 이 거대한 산을 우리는 어떻게 넘을 것인가?' 이러한 의문점은 결국 박사 연구 주제로부터 이 책을 쓰게 된 스타팅 포인트였다 '공학박사인 사람도 고민하는 이 유튜브 알고리즘을 유튜브 크리에이터가 되려는 모든 분도 똑같은 고민을 할 것이다.'라는 확신과 그 갈급증에 단물이 되기 위해 이 책을 쓰게 되었다. 주위에 유튜브 크리에이터 활동을 시작해서 6개월 안에 접는 사람들을 자주 보게된다. 그들이 유튜브 알고리즘 작동 메커니즘에 대한 합리적인 정보를 제대로 알았다면, 유튜브 크리에이터를 그만두는 비율은 줄어들지 않았을까? 특히, 저자가 발표자로 참석했던 모 학술대회에서 "도대체 유튜브 알고리즘이 뭐예요?"라는 질문은 매우 충격적이었다. 이 학술대회는 나름 영상을 제작하고 분석하는 전문가가 모여 있는 곳이었음에도 불구하고, 이런 질문이 나온 것이다. 그래서 유튜브 알고리즘을 알고는 있지만, 정작 알고리즘에 대해서 알지 못하는 유튜브 크리에이터를 위해 지금까지 학계는 물론 필드에서 직접 영상을 제작하여 유튜브 알고리즘의 작동원리를 분석해온 경험과 지식을 나누고 싶었다. 또한, 이론 베이스의 박사라는, 학자라는 영역을 넘어서 인플루언서로, 필드에서 활동하는 유튜브 크리에이터로서, 수많은 시행착오와 경험을 통해 터득하게 된, 떡상의 비밀 핵심인 유튜브 알고리즘 이야기 보따리를 풀어보고 싶었다.

본 책은 유튜브 영상을 제작하고 업로드하면서 매일같이 피 말리는 생존 전쟁을 펼치고 있는 유튜브 크리에이터에게 필요한 정보만 핵심적으로 다루고 있다. 직접 만든 썸네일, 제목과 내용의 연관성 그리고 인기 태그로 최적화를 높혀 유튜브 활성화에 도움이 된다는 이야기는 이제 왠만하면 알고 있을 것이다. 저자는 이책을 통해서 아래와 같은 세 가지 차별점으로 그 이야기를 넘을 참이다. 첫째, 그동안 유튜브의 단편적인 알고리즘 이론서나, 떡상 영상의 대략적인 개념서에서 배울 수 없는, 살아 있는 지식과 정보를 제공한다. 실제 100만 떡상을 경험해 보았고 다양한 다른 떡상 사례를 데이터 기반으로 분석해 보았던 실전 경험을 바탕으로 하였다. 또한 실제 유튜브 알고리즘이 적용된 다양한 사례를 중심으로 설명하여 이해를 돕고자 했다. 둘째, 유튜브 알고리즘의 노출 메커니즘을 전달한다. 유튜브 추천 알고리즘에 영향을 미치는 요소 즉, 구독자 혹은 시청자, 유튜브에서 제공하는 광고와 시청 시간, 시청의 진실성 등 각, 요소가 어떻게 유기적으로 작동하고 있는지를 살펴본다. 셋째, 유튜브 크리에이터로서 채널 활성화를 위해 하지 말아야 할 것과 잘못 이해하고 있는 것에 대한 정보를 바로잡아 현실적인 도움을 주고자 한다. 유튜브 떡상 노출 메커니즘부터 알고리즘의 역동적인 변화까지, 기본적인 배경지식부터 실전에 바로 적용 가능한 실무 지식 위주로 담아보았다.

본 책을 통해서, 유튜브 크리에이터라면 한 번쯤 꿈꾸는 떡상을, 한 걸음 더 나아가 채널 활성화에 도움이 되길 바란다. 또한, 성인뿐만 아니라, 유튜브 크리에이터를 꿈꾸는 초, 중, 고등학생과 유튜브 크리에이터를 꿈꾸고 있는 자녀를 둔 학부모에게도 도움이 되었으면 한다. 오늘도 100만 떡상 영상과 100만 구독자를 만들어내기 위해, 최전선에서 처절한 유튜브 알고리즘과 전쟁을 벌이고 있는 유튜브 크리에이터에게 '유튜브 떡상의 비밀: 알고리즘 파도타는 9가지 기술'이 한줄기 빛이 되기를 희망한다.

마지막으로 유튜브 크리에이터라는 지옥 같은 전쟁터에서 겪는 희로애락을 나누고자 한다. 넘쳐나는 찐 팬의 응원 속에서도 칼날보다 더 날카롭게 심장을 찌르는 악플, 의도와는 다른 오해로 겪게 되는 고통, 하나의 영상을 제작하기 위해 많은 에너지와 시간, 그리고 비용을 소비하며 달려가는 유튜브 크리에이터의 마음을 헤아리고자 한다. 구독자가 단 1명이어도 철학이 있다면, 그대는 인플루언서이고 단 1명의 구독자라도 희망을 얻고 기쁨을 얻었다면, 그대는 멋진 영상을 제작한 유튜브 크리에이터임을 잊지말자. 모두가 이 정글 안에서 생존하기를 기대한다.

차 례

프롤로그 _ 4

Part 1
아무나 유튜브 크리에이터 – 폭망의 지름길?

1-1 유튜브 크리에이터는 새로운 먹거리인가? _ 19

1-2 유튜브는 모든 콘텐츠를 노출하지 않는다: 팬심의 변화를 읽어낸다 _ 25

1-3 왜 유튜브는 구독자 1,000명과 시청 시간 4,000시간의 기준을 세울까? _ 31

1-4 타이거럽과 판다럽의 운 – 아무에게나 찾아오지 않는다 _ 35

1-5 수백만 원대 방송장비가 필요할까? _ 43

1-6 유튜브는 절대 황금 노다지가 아니다 _ 49

Part 2
알고리즘 노출의 핵심 – 팬덤의 존재 여부

2-1 나는 어떤 콘텐츠의 팬덤을 잡고 있나? _ 57

2-2 추천 알고리즘의 핵심 – 팬덤이 있나? _ 61

2-3 **알고리즘 파도타는 기술1**
  폭넓고 깊은 팬덤 층을 잡아라(그들이 나의 채널의 불소시개다) _ 66

2-4 **알고리즘 파도타는 기술2**
  노출 광고에 거부감이 들지 않게
  팬덤이 공감할 수 있는 감동을 덧칠하라 _ 78

2-5 **알고리즘 파도타는 기술3**
  클릭베이트 삼가라(판단 기준: 높은 노출 클릭률과
  절대적으로 낮은 시청 평균 시간) _ 86

2-6 **알고리즘 파도타는 기술4**
  짧고 중독성을 갖춘 콘텐츠 노출 전략(shorts 활용) _ 93

Part 3
유튜브 크리에이터는 예술가가 아닌 데이터 분석가

- 3-1 내 콘텐츠에 알고리즘의 중독성을 부여받아라 _ 105
- 3-2 **알고리즘 파도타는 기술 5**
  유튜브 추천 알고리즘을 이해하라 – 시청자는 광고효과가 높은
  콘텐츠에만 노출하는 '필터 버블' 고도화 주체 _ 110
- 3-3 **알고리즘 파도타는 기술 6**
  4-7-30 법칙을 기억하라(업로드 후 골든타임 4시간,
  노출 클릭률 7%, 영상 평균 시청 길이 30%) _ 118
- 3-4 **알고리즘 파도타는 기술 7**
  썸네일을 움직여라 – 3개 이상 만들되,
  노출 클릭률이 현저히 떨어질 경우 2시간내에 썸네일 교체 _ 126
- 3-5 유튜브 스튜디오의 마법 _ 134
- 3-6 디지털 네이티브가 되라 _ 143

Part 4
유튜브 떡상의 비밀: 팬덤의 광고 클릭률을 사수하라

4-1 100만 떡상이 가능한 이유? _ 151

4-2 **알고리즘 파도타는 기술 8**
    무효 트래픽을 삼가고 시청자의 공유를 활성화해라 _ 156

4-3 팬덤이 광고에 짜증 내지 않게 하려면? _ 168

4-4 **알고리즘 파도타는 기술 9**
    인트로 골든타임 8초를 지켜라 _ 174

4-5 유튜브 스튜디오가 알려주는 팬덤 축소의 위험신호:
    콘텐츠의 일관성이 무너졌다 – '자아버블'을 피하라 _ 178

4-6 결론: 알고리즘과 친구가 돼라 – 파도를 타야 한다 _ 184

에필로그 _ 192

Part 1

아무나 유튜브 크리에이터 – 폭망의 지름길?

1-1
유튜브 크리에이터는 새로운 먹거리인가?

　　유튜브 시청자가 20억 명을 넘어서면서 전통적인 미디어보다는 1인 미디어가 활성화되고 있는 추세이다. 특히, 채널별로 형성된 커뮤니티를 통해서 크리에이터와 시청자 간의 실시간 소통이 이루어지고 있다. 이러한 데이터를 바탕으로 OTT 추천 알고리즘이 콘텐츠를 노출해, 과거 고전적인 방법만으로는, 더 이상 1인 미디어 콘텐츠의 흐름과 성공을 예측할 수 없게 되었다.

2021년 3월 EMBRAIN 트렌드모니터에서 실시한 설문 조사결과에 따르면, 코로나 19 이후인 2020년 1월부터 유튜브 시청시간이 증가하였다는 답변이 66.7% 였고, 27.2%가 이전과 비슷하다고 답했다. 90%가 넘는 성인의 유튜브 시청시간이 그 전과 같거나 증가한 것을 보여주고 있다. 그 뿐만 아니라, 유튜브를 통해서 정보와 지식, 교양을 얻고, 유튜브가 이미 생활습관이 되었다는 비율이 증가하면서 유튜브는 일상 속 습관으로 깊이 자리잡고 있다는 것을 알 수 있다.

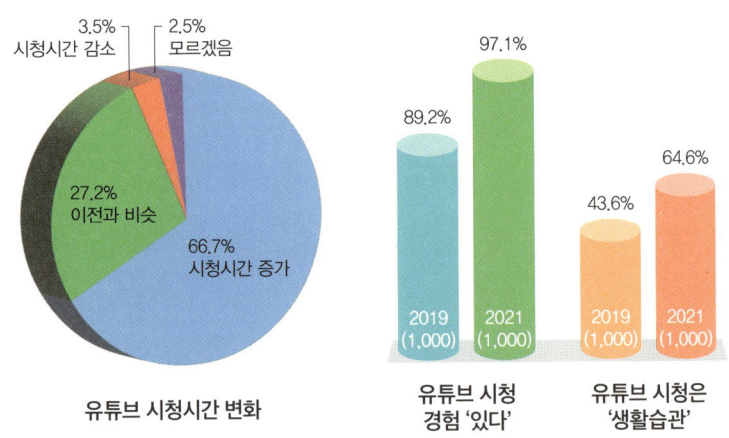

〈코로나19 이후의 유튜브 시청시간 변화〉

출처: EMBRAIN 트렌드모니터/저자 재구성

유튜브 통계분석 전문업체인 '플레이보드'에 따르면 2020년 12월 기준 한국 유료광고 수익이 나는 유튜브 채널은 9만 7,934개로 나왔다고 한다. 본 저자처럼 여러개의 수익채널을 가진 유튜브 크리에이터의 채널이 유료광고 수익 채널 전체수 중 10% 정도로 추정 해본다면, 대략 9만 명 정도가 유튜브로부터 광고 수익을 받는 채널을 운영하는 것으로 볼 수 있다. 유튜브 수익이 나지 않는, 비활성화 채널이 수익 채널 수의 최소 10배는 넘는다고 본다면, 유튜브 크리에이터 10명 중 1명만이 수익을 내는 것이다. 성공률 10% 이하가 유튜브 크리에이터의 현실이다.

하지만, 언론이나 시중에 나오는 책을 보면, 유튜브 크리에이터가 마치 새로운 미래먹거리로 알려지고 있지만, 현실은 전쟁터이다. 우리 저자도 호랑이와 판다 덕후들의 전폭적인 응원을 받지 못했다면, 유튜브 크리에이터의 길로 들어서는 것이 불가능했을지도 모른다. 직접 조사한 바에 따르면, 유튜브를 시작하여 6개월이 지나서 그만두는 비율이 80% 이상으로 나타났다. 이렇게 유튜브를 시작하여 몇 달 지나지 않아서 채널을 접는 이유가 무엇일까?

첫째, 유튜브는 촬영하는데만도 엄청난 시간과 비용이 투자된다. 저자도 평균적으로 일주일에 두 번은 만사를 제쳐 두고 필드에서 촬영을 진행했다. 촬영 간 이틀 정도는 유튜브 수익을 제외하고는, 아무 수익이 없는 매몰 비용이 된다. 그나마, 수익이 나온다면 모를까 이렇게 시간과 비용을 투자해도 영상 하나당 천 회 이하의 처절한 조회수가 지속해서 나온다면, 과연 유튜브 크리에이터로서의 활동을 지속할 수 있을까?

둘째, 영상을 편집하는데도 엄청난 노력과 시간이 소요된다. 편집하는데 적게는 5시간, 많게는 20시간 넘게 걸린다. 이 안에는 스토리 라인 등의 구상과 마무리 시간까지 포함되어 있다. 최대한 짬짬이 시간을 활용하여 편집할 뿐만 아니라, 촬영부터 편집까지 전체 아웃라인을 생각하며 촬영하는 것도 항상 생각해야 한다. 심지어 저자는 이동 중에도 편집하는데, 그 투자하는 시간이 만만치 않다. 더 정교한 편집을 하는 몇몇 채널은 편집하는데 하루이상의 시간을 투자하는 것인지도 모른다. 편집을 할때에는, 영상의 아름다움은 물론, 스토리 라인을 지속해서 구상하는 것에 많은 시간이 필요하다. 유튜브 크리에이터는 365일 24시간 내내 스토리라인을 구상해야 하며, 썸네일도 수시로 바꾸어야 한다. 이 썸네일이 시원찮으면, 떡상은 요원하다. 썸네일 하나 만드는데 최소 10~20개 시안을 만들면서 끊임없이 연구해야 한다. 이런 극한의 노가다도 없다.

셋째, 영상이 업로드되면 구독자의 반응을 계속 모니터링 해야 한다. 댓글도 한두 개가 아닌 수백 개라면, 댓글에 답하는 데만 몇 시간씩 소요된다. 답글을 꼭 해야 하느냐? 하는 질문에 저자는 하지 않아도 무방하다고 답을 한다. 그러나, 소통하는 측면에서 마이너스임엔 틀림이 없다. 영상 촬영, 편집, 답글 등 계속 중노동의 반복이다. 여기에 악플까지 덤으로 추가되면, 초보 운영자는 대부분이 멘탈이 나갈 것이다. 이 부분은 다음에 자세히 언급하겠다.

넷째, 촬영 장비 업그레이드가 진행되어야 한다. 새로운 장비가 나올수록 화질은 좋아지고 촬영할 때의 어려움이 감소된다. 하지만, 디카의 경우 최소 2백만 원 이상의 비용과 모션 캠 혹은 휴대폰 카메라의 경우 촬영 전용 핸드폰과 짐벌 등, 초기 투자 비용이 만만치 않을뿐더러, 4K에 이은 5K에 대한 화질 욕심도 당연히 생길 수밖에 없다. 유튜브 크리에이터로서 제대로 시작하려면 초기투자 비용이 최소 몇백은 들게 되며, 지속적인 장비 업그레이드는 필수이다.

이러한 점을 종합해 보면, 전업 유튜브 크리에이터는 절대 만만한 것이 아니다. 지속적인 시간 투자와 비용, 그리고 팬덤을 소유해야 하는 말 그대로의 전쟁터이다. 거기에다, 가장 중요한 알고리즘의 작동 메커니즘에 대해서도 지속적으로 공부해야 한다. 전업 유튜브 크리에이터로서 팬덤과 알고리즘에 대한 지속적인 공부를 하지 않으면, 시간 낭비는 물론 많은 물적 손해를 감수해야 한다.

유튜브는 연습이 없는 실전 정글이다. 아무런 준비 없이 이 전쟁터로 들어오는 것은, 또 하나의 먹잇감으로 전락한다는 것을 의미한다. 그러나 안타까운 것은 이러한 준비를 하지 않고 무작정 진입하는 초보 유튜브 크리에이터 숫자가 점점 늘어간다는 것이다. 특히, 유튜브 크리에이터로 투잡을 하려는 직장인들이 늘어나고 있으며 실제로 유튜브 활동을 통해 수익을 올리는 경우도 있다. 그러나, 유튜브 채널을 운영하는 직장인 중 29.4% 만이 수익 창출을 하고 있으며, 그 수익도 크다고 보기는 힘들다. 특히, 직장인의 작은 수익 창출임에도 불구하고 기업에서는 겸업 금지 조항을 내세우며, 직원들의 유튜브 활동을 금지하거나 퇴사를 권유하는 사례가 나타나고 있는 실정이다. 그래서, 유튜브 크리에이터로서 지속적으로 활동하고 싶다면, 만반의 준비를 하고 유튜브 세계에 뛰어들기를 진심으로 충고한다.

1-2

유튜브는 모든 콘텐츠를 노출하지 않는다 : 팬심의 변화를 읽어낸다

유튜브를 처음 시작하는 1인 미디어 크리에이터가 가장 많은 착각을 하는 것은 유튜브 알고리즘이 모든 콘텐츠를 노출해 줄 것으로 생각하는 것이다. 과연 그럴까? 시청자의 선호도와 관련 없는 영상을 지속, 반복해서 제작하는 경우, 이 채널은 유튜브 추천 시스템에서 서서히 배제되게 된다. 이 유튜브 추천 시스템은 시청자 조회 수가 아닌, 비디오 표시 당 시청자 노출 클릭률을 기준으로 맞춘다. 조회 수가 아닌 노출 클릭률로 순위 평가 기준으로 삼는 이유는, 광고주가 요청한 광고 효과를 극대화하면서, 시청자가 최대한 많은 시간 동안 광고를 볼 수 있는 콘텐츠를 선정하기 위해서다.

그래서, 유튜브 알고리즘은 다음과 같은 콘텐츠를 기가 막히게 알아차린다. 클릭한 시청자 콘텐츠 영상의 시청 시간이 길면, 1,000회 노출 당 비용(CPM)의 광고비가 올라가기 때문에, 노출이 많이 되고 시청 시간이 긴 콘텐츠를 집중적으로 노출한다. 즉, 유튜브의 알고리즘은 유튜브 크리에이터가 제공하는 콘텐츠에 대해, 시청자 선호도를 파악하여 추천 콘텐츠에 노출해, 오랜 시간 동안 머물기를 유도한다.

더 나아가서, 유튜브 알고리즘은 콘텐츠 창작자 자신이 이러한 시청자 선호도가 드러나는 콘텐츠를 만들 수 있는 능력을 가지고 있는지 제대로 파악하고 있다. 예를 들어 먹방 콘텐츠는 떡상이 될 수 있는 가능성이 높은 콘텐츠이기는 하지만, 과연 일류 먹방 유튜브 크리에이터 이상의 맛에 대한 만족감을 시청자에게 어필할 수 있는지 고민해보아야 한다. 영화 리뷰, 가전제품 리뷰, 히트곡 재연 가수 등의 콘텐츠도 유튜브 알고리즘은 떡상 콘텐츠가 될 수 있다. 동시에, 알고리즘은 이 콘텐츠를 구독하는 시청자는 광고에 대해서도 매우 호의적이라는 것을 파악하고 있다. 이러한 유튜브 알고리즘 작동방식은 유튜브 떡상의 성공을 단순히 유튜브 크리에이터의 퍼스널 브랜딩(Personal Branding) 차원으로만 생각해서는 안된다는 것을 의미한다.

특히, 요즘 새로운 소비층으로 등장한 MZ세대의 성향을 유튜브 알고리즘은 기가 막히게 파악하고 있다. MZ세대는 10대 후반에서 30대의 청년층으로 스마트폰, 인터넷 등 디지털 환경에 익숙한 세대다. 최신 트렌드를 리드하면서도, 독창적인 경험을 중시하며, 자신이 선호하는 분야에는 시간과 비용을 아낌없이 투자한다. 이러한 성향으로 SNS를 통한 유통시장에서 강력한 영향력을 발휘하는 소비 주체로 부상하고 있다. 이들은 집단보다는 개인의 행복을, 소유보다는 공유(렌탈이나 중고시장 이용)를, 상품보다는 경험을 중시하는 소비 특성을 보인다. 또한 사회적 가치나 특별한 메시지가 담긴 물건이나 서비스를 구매하는 이른바 '돈쭐'이라는 새로운 용어를 만들어내었는데, 이 돈쭐은 '미닝아웃 소비'[1] 라고 일컬어진다.

---

1. 미닝아웃: 신념이라는 뜻의 미닝(Meaning)과 숨겨진 이야기를 공개적으로 밝히는 커밍아웃(Coming out)의 합성어이다.

만약 유튜브 크리에이터가 이러한 MZ세대의 가치를 각 콘텐츠에 잘 담아내는 것으로 판단한다면, 유튜브 추천 알고리즘은 이 콘텐츠에 높은 가치를 부여하는 경향을 보인다. TV보다 유튜브와 친밀한 MZ세대에게, 잘 만든 유튜브 콘텐츠는 수억 원짜리 TV 광고보다 파급력이 크다. 재미있는 콘텐츠는 MZ세대가 직접 바이럴 마케팅을 진행할 정도이다. 그 중 유튜브는 Z세대보다는 M세대가 강세를 보이는 OTT 플랫폼이다.

구 분	베이비붐 세대	X세대	M세대	Z세대
출생연도	1955-1964	1965-1980	1981-1996	1997-현재
2020년 나이 기준	57-64세	40-50세	24세-39세	23세 이하
2019년 기준 인구비율	14%	18%	22%	22%

<2020년 세대별 인구 기준>

출처: 통계청

이러한 MZ세대도 노출 알고리즘에서 서로 차이를 나타내고 있다. M세대에게 관심을 받은 영상이 바로 퇴직자 브이로그이다. 주로 M세대가 제작하는 퇴직자 브이로그를 보면 구독자 수천 명에서 몇십만 명에 이르고 있으며 일명 떡상의 기준인 조회 수 100만이 넘는 동영상도 종종 목격된다. 어떻게 퇴직 브이로그 영상이 100만이 넘는 조회수를 기록하는 영상이 될 수 있었을까? 취업 혹은 이직이 가장 큰 현실적인 관심사인 M세대들에게 직장생활 경험을 가지고 있는 유튜브 크리에이터가 자신의 퇴직 경험을 현실적으로 어필하는 점이 M세대에게 효과적으로 어필한 것으로 볼 수 있다. 이것은 M세대의 특징인 "낙관적, 현실집중" 모습을 보여주는 예라 할 수 있다.

반면에 Z세대는 경제적 침체기, 저성장기에 취업전선에 뛰어들기 때문에 취업 시장의 문도 좁고, 코로나 펜데믹으로 인해서 온라인 베이스 시장이 확대되면서 청년실업을 더 경험할 수밖에 없다. 즉, 취업할 직장은 고사하고, 아르바이트할 자리도 구하기 힘든 것이 현실이다. 수백 대 일의 경쟁을 뚫었다 해도 이것 역시 안정적이지 않다. 자신의 생존을 위해서 주위를 돌아볼 겨를도 없다. 이러한 청년들이 고시원에서 생활, 아르바이트 경험 등을 공유하는 채널이 활성화 되는 등 M세대와는 다른 Z세대의 현실을 그대로 보여주고 있다.
또한 콘텐츠 선호 트렌드에서도 큰 차이를 보인다. M세대는 소통 기반이 텍스트 기반이거나 영상이라도 주로 시청하는 쪽에 관심을 두지만, Z세대는 콘텐츠를 직접 제작하거나 참여하는 것을 선호한다.

구 분	밀레니얼 세대	Z세대
디지털 소통	쌍방향 채널	다방향 채널 (특히 게임부문 강세)
소통기반	텍스트로 소통 (네이버 블로그강세)	이미지로 소통 / 콘텐츠 제작 (유튜브 / 인스타그램 / 틱톡 강세)
정보공유	콘텐츠 공유	현실적 / 미래지향적
삶의 태도	낙관적 / 현실집중 / 지인커뮤너티	SNS인맥을 통한 공유 및 유대
정서적 지향포인트	돈에 민감 / 사회 속 불안감 경험	새로운 디지털 경험 중시

이러한 MZ세대의 특성은 결국 콘텐츠를 선호하는 팬심은 언제든 변할 수 있다는 것을 의미한다. 오래전 모 광고에서 "사랑은 움직이는 거야"라는 광고 카피가 있었다. 마찬가지로 "팬심은 항상 움직이는 거야"라는 진리를 항상 되뇌어야 한다. 특히 MZ세대의 팬심은 어디로 튈지 모를 정도로 변화의 폭이 크다. 그래서, 유튜브 크리에이터는 이러한 팬심의 변화를 유튜브 알고리즘이 기가 막히게 알아챈다는 것을 항상 인식해야한다.

1-3

왜 유튜브는 구독자 1,000명과 시청 시간 4,000시간의 기준을 세울까?

유튜브를 처음 시작하는 콘텐츠 크리에이터의 가장 큰 장벽은 구독자 1천 명과 4천 시간의 시청 시간이다. 이 기준은 유튜브의 광고 수익을 창출할 수 있는 자격이 되는 기준이다. 과연 이 기준은 무엇을 의미하는 것일까? 2018년 이전만 하더라도 100만이 넘는 조회 수를 가진 콘텐츠를 심심찮게 볼 수 있었다. 그 당시에 유튜브의 유일한 수익창출 채널 전환 기준이 조회 수 1만 회였다. 지금도 팬덤을 가진 영상 하나만, 제대로 만들어도 조회 수 1만은 어렵지 않기에 2018년 이전에는 이 기준을 충족하기 쉬웠다. 그러다 보니, 신규로 진입하는 콘텐츠 제작자 중 일부가 자극적인 콘텐츠를 제작하여 이 기준을 통과했지만, 여러 가지 문제점이 발생하게 되었다(자극적 노출, 무효 트래픽 유발 등등). 이러한 문제점을 파악한 유튜브는 2018년에 수익 창출 조건을, 구독자 수 1,000명, 총 시청 시간을 4,000시간으로 전환하였다. 이 기준 내면에는 어떠한 비밀이 존재할까?

'구독자 수는 총 조회 수의 1% 미만으로 보면 된다' 2019년 이전만 하더라도 총 조회 수의 1% 정도의 구독자 확보가 가능했다. 하지만, 지금은 수많은 채널이 생기면서, 노출 알고리즘이 노출해 준다고 해도 구독은 하지 않고, 시청만 하는 비율이 점점 늘어나고 있다. 총 조회 수가 십만이라면 예전에는 1%인 구독자 천 명 확보가 가능했지만, 지금은 500명 확보도 힘든 것이다. 즉, 유튜브 알고리즘은 천 명의 구독자를 확보한 채널이, 최소 조회 수 2십만이 넘는 콘텐츠를 가졌다고 파악한다. 다시 말해서 2십만이 넘는 조회 수 영상이 구독자 천 명을 확보하는 기준으로 가정한다면, 영상 하나당 조회 수 1만으로 잡아도, 최소 20개의 영상이 필요하다는 계산이 나온다.

이러한 유튜브 수익 창출 새 기준은 이전 조건과 비교해 보면, 유튜브는 1만 조회수에서 1,000명 구독자 수로 조건을 변경한 것이 아니라, 1만 조회 수에서 최소 20만 조회 수로 20배 이상의 수익 승인조건을 강화했다고 볼 수 있다. 이러한 조건의 강화는 정교한 알고리즘에 의해서 수익을 창출하는 팬덤을 확보할 수 있는 채널 데이터를 유튜브 측이 정교하게 파악하고 있다는 것을 의미하는 것으로 볼 수 있다.

　4,000시간 시청이라는 조건 역시 초보 유튜브 크리에이터는 감을 잡기 힘들겠지만, 유튜브 콘텐츠 분석 데이터 기준인, 분(minute)으로 환산하면 240,000분이 된다. 보통 영상 하나당 1인 평균 지속 시청 시간이 1분 정도로 보면, 24만 명의 시청을 확보해야 한다는 것을 의미한다. 물론, 저자가 운영하는 타이거럽이나 판다럽 같은 팬덤을 지닌 채널 영상은 2~3분 정도의 평균 지속시간이기에 유튜브에서 요구하는 수익창출 필수 시청자 수는 줄어든다. 결론적으로, 구독자 1,000명과 4,000시간, 이 두 수치가 내포하고 있는 비밀은, 팬덤을 확보하지 못한 채널은 수익창출 채널로 전환해 주지 않겠다는 것을 내포하고 있다.

　(현재는 '유튜브 파트너 프로그램(YPP)'에 가입하지 않은 구독자 1명의 채널이라 하더라도 유튜브가 광고를 게재하고 유튜

브 자체 수익 창출이 가능하게 변경되었다. 단, 이 조건이 안된 상황에서의 유튜브 광고는 채널 운영자에게 광고 수익이 돌아가지 않음에 주의)

아래의 썸네일은 저자가 2017년 비지트 유튜브 채널을 개설한 이래 최초로 업로드한 미국 샌프란시스코 카페X 소개 영상이다. 이 영상을 업로드하고, 수익 채널 기준인 4,000 시청 시간과 구독자 1,000명을 충족하는데 2년이 넘는 시간이 걸렸다. 반면, 또 다른 채널인 타이거럽과 판다럽은 개설된 지 1달도 채 되지 않아 수익 채널로 성장했다. 수익 채널의 전환 기준은 유튜브가 오랫동안 축적된 데이터를 바탕으로 추천 알고리즘에 노출되어 수익을 낼 수 있는 최소한의 기준으로 설정했다고 볼 수 있다.

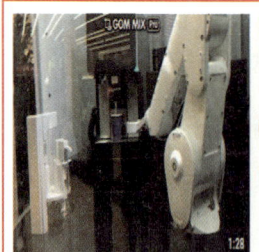

출처: 유튜브 채널 '비지트(BeGT)'

1-4

타이거럽과 판다럽의 운 – 아무에게나 찾아오지 않는다

저자가 유튜브 크리에이터가 될 거라고는 그 누구도 생각하지 못했고, 실제로도 그랬다. '비지트(BeGT)'의 유튜브 채널을 개설했을 때는 유튜브 크리에이터가 되겠다는 생각보다 미래 전략가로서 유튜브 채널이 없으면 안 된다는 강박관념에서 개설했었다.

유튜브 채널 '비지트(BeGT)'

하지만, 평균 조회 수는 100에서 많아야 300 이하로 결과는 좋지 않았다. 그러함에도 불구하고 저자는 영상에 대한 관심이나 관리에도 소홀했다. 그러던 중 결정적인 전환점을 맞이한 것이 2020년 8월 30일 전후, 비지트의 전기차 운행기가 추천 알고리즘에 의해 노출이 된 것이다.

출처: 유튜브 채널 '비지트(BeGT)'

　총 조회 수가 보여주듯이 3주간 거의 5만에 가까운 조회 수를 보여주고 있다. 2년 가까이 잠자고 있던 영상이 갑자기 알고리즘 노출에 의해서 되살아나는 마법을 보여주었다. 2020년 하반기 당시, 전기차 정부 및 지자체 보조금에 대한 기사가 보도된 2020년 7월 20일 이후 집중적으로 조회수가 떡상했다. 이 시기와 서서히 추천 알고리즘에 노출되는 시기가 일치한다. 특히, 9월 3일은 하루 조회 수 3,700회로 비지트 채널 개설 후, 거의 3년 만에 이룩한 쾌거였다. 하지만, 서서히 전기차 보조금에 대한 이슈가 시들해지면서, 이 영상의 노출 수는 급격히 감소하였다.

<전기차 영상 스튜디오 내용>

출처: 유튜브 채널 '비지트(BeGT)'

　물론, 이러한 노출 한 번만으로 수익을 창출할 수 있는 유료 채널이 되는 것은 사실상 불가능하다. 비지트가 수익 채널이 될 수 있었던 것은 바로 호랑이 영상을 비지트 채널에 우연히 업로드한 것이 계기가 되었다. 알고 보니 그 호랑이 영상은 엄청난 팬덤을 가지고 있었는데 그 당시 반응은 폭발적이었다. 영상을 업로드한 첫날 조회 수 700을 넘은 것은 처음이었다. 그 후, 평균적으로 영상 하나당 5,000 정도의 조회 수를 보였다.

　그런데, 유튜브 스튜디오 데이터를 분석해 보니, 한국 호랑이를 시청하는 팬덤과 4차 산업혁명의 혁신을 다루는 비지트 기존 팬덤(팬덤이라고 하기에는 미흡한 수준)이 충돌한다는 것을 파악할 수 있었다. 특히 댓글에서 미래 전략가가 왜 호랑이를 업로드하는가? 라는 지속적인 질문을 받으면서 팬덤의 충돌은 당연하다고 판단하여 2020년 11월 20일 호랑이만을 전문적으로 다루는 '타이거럽' 채널을 개설하였다.

유튜브 채널 '타이거럽 Tiger Love'

타이거럽 채널은 2021년 11월 말일자 구독자 수 약 14,000

명에 총 조회 수는 980만, 노출 클릭률 5.6%이며 총 노출은 9,800만에 달하고 있다. 노출 클릭률은 채널 활성화를 파악하는 매우 중요한 지표다. 타이거럽은 580만이 신규 클릭한 조회 수며, 나머지 400만은 기존 구독자 혹은 팬덤이 반복적으로 시청한 횟수다. 반복 클릭률은 1명당 1.8회로 평균 반복 클릭률 1.2~1.5회보다 상당히 높은 편이다. 반복 클릭률은 평균 시청 시간과 연관이 되며, 궁극적으로는 광고 클릭률과도 연관이 된다.

판다럽 채널은 비지트 채널에서 운영하다 2021년 5월 12일에 독립 개설하였다.

유튜브 채널 '판다럽 Panda Love'

2021년 11월 말일자 기준으로 구독자 수 4,250 명, 조회 수 260만, 노출 클릭률 7.3%, 총 노출 수는 1,900만에 달하고 있다. 판다럽은 신규 클릭 조회 수 137만, 반복 클릭 조회 수 123만으로 반복 클릭률은 1.5회에 달한다.

반복 클릭률이 평균보다 높다는 의미는 탄탄한 팬층을 지니고 있다는 의미다. 그런 점에서 타이거럽이나 판다럽 채널은 평균적으로 보통의 타 유튜브 채널보다 팬덤이 탄탄함을 알 수 있다. 이러한 데이터 수치가 의미하는 것은 아무리 좋은 영상을 만들어도, 팬덤이 있어야 떡상이 가능하며 결국 팬덤의 중요성을 극명하게 드러낸것이라고 볼 수 있다. 전업 유튜브 크리에이터 활동을 마음먹었다면 팬덤을 확보해야 하는데, 과연 팬덤 확보 가능한 콘텐츠를 파악할 수 있을까?

특히, 유튜브 알고리즘이 매우 고도화되면서, 알고리즘 패턴의 변화 주기가 매우 빨라지고 있다. 2021년 3월 이후 100만 떡상 영상을 만들어내기는 이제 점점 쉽지 않게 되면서, 저자에게 떡상 방법에 대한 문의가 많아지고 있다. 그런데 대다수의 채널 운영자에게 알고리즘 정보는 물론, 유튜브 스튜디오 분석에 대한 전략도 보이지 않는 경우가 많다. 알고리즘의 변화를 파악하지 못한다면, 영원히 떡상은 없다는 것을 유튜브 크리에이터는 항상 인식해야 한다.

1-5

수백만 원대 방송장비가 필요할까?

유튜브를 시작하려는 분들은 장비에 대해서 많이 고민할 것이다. 저자도 유튜브를 시작하면서 제대로 된 장비를 구비하는 것에 대해 많이 고민했다. '헉' 소리가 날 만큼 장비 가격은 절대로 저렴하지 않다. 투자한 만큼의 투자 수익률(ROI)을 보장할 수 없다. 실제로 좋은 장비로 화질 좋은 영상이면 떡상 나올 거라는 법칙은, 유튜브 추천 알고리즘의 진화로 거의 불가능한 시대가 되었다. MCN 기업이 요즘 고전하는 이유 중 하나의 핵심 요인도, 유튜브 알고리즘의 변화에 대해서 능동적으로 대처하기 점점 어려워지고 있기 때문이다. 그래서 유튜브 초보자를 위해서 장비 구매에 대한, 나름의 경험을 알려드리고자 한다.

첫 번째, '최선의 장비가 무엇일까?' 고민을 그만하라, 유튜브 시작은 점점 미뤄진다.

유튜브 시작 전에 여러 경로를 통해 장비 구입에 대한 정보를 얻으려 여기저기 기웃거릴 것이다. 대표적으론 카메라, 조명, 삼각대, 마이크 등이 있다. 카메라의 가격은 쓸 만한 것을 기준으로 150~300만 원, 조명은 10~50만 원, 삼각대는 5~20만 원, 마이크는 1만~30만 원의 다양한 가격대가 있다. 제품 종류도 많아 머리가 매우 아플 것이다. 가격은 천차만별, 종류는 적게는 몇 개에서 많게는 수백 가지, 기능 또한 매우 다양하다. 초반부터 여러장비 준비로 멘붕이 오면서, 유튜브를 시작도 못 하는 것을 종종 보아 왔다.

유튜브 작업 시 공중파 방송에서 원하는 프로 스튜디오 급 영상을 만들어야 하는 게 아니라면, 최소한의 장비만 있어도 시작하는데 충분하다. 스마트폰, 핀 마이크, 삼각대, 몇만 원 대

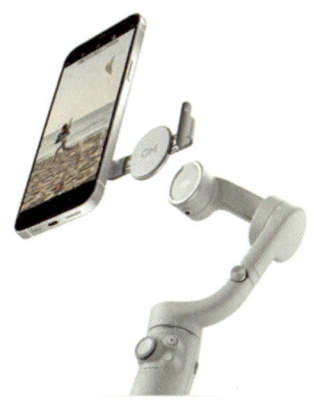

<저자가 사용하는 DJI짐벌: DJI 오즈모 모바일5>

출처: DJI코리아 홈페이지

의 가성비 장비로도 좋은 영상을 만들 수 있다. 저자는 아이폰 3 대로 채널을 운영하고 있다. 비밀을 공개하자면, 조명이 필요할 때는 회사 회의실 조명이 좋아 회의실에서 진행한다. 정말 추천드리고 싶은 것은 최소한의 장비를 사용해서 효율성 있게 유튜브 채널을 운영하라는 점이다. 최소한의 장비로 유튜브를 시작하고, 어느 정도 수익이 유지되면 고품질의 고가 장비를 구매해도 늦지 않다. 장비 고민보다 콘텐츠 고민과 유튜브 알고리즘 분석, 그리고 유튜브 스튜디오 데이터를 읽어내는 훈련이 우선되어야 한다.

두 번째, ROI(투자 대비 수익 회수 비율)를 충분히 고려해야 한다. 이러한 ROI 시점을 제대로 파악하지 않게 되면, 최악의 경우 ROI 전에 채널을 접는 경우도 발생할 것이다. 몇 년 전, 모 개그맨이 쉽게 유튜브를 시작했다가 어마어마한 촬영 편집 시간과 장비 구입비의 10분의 1도 나오지 않는 수익에 놀라움을 금치 못했다는 신문 기사를 본 적이 있다. 수백만 원대의 장비를 투자해서 채널을 만들었지만, 결국 1,000명의 구독자와 4,000시간의 시청 시간 그리고 1만 이상의 조회 수가 나오지 않으면, 서서히 자신의 멘탈이 붕괴되는 경험을 하게 될 것이다.

이러한 멘탈 붕괴를 막기 위해서 ROI를 충분히 고려하라고 조언하고 싶다. 투자 대비 성과가 없으면 채널 운영자는 그냥 포기하고 싶은 것이 당연하다. 그래서 카메라는 핸드폰으로, 조명과 마이크, 삼각대는 각각 5만 원 이하로 유튜브를 시작해 보라고 권하고 싶다. 저자가 투자한 것은 어느 정도 수익이 나왔을 때, 아이폰 12 프로맥스를 200만 원대에 구매한 것과 짐벌을 20만 원에 산 것이 전부이다. 또, 한 가지 조언은 자신의 상황에 맞는 장비를 구매해야 한다. 캠코더를 사느냐, 아이폰 12 프로맥스를 사느냐를 놓고 갈등을 겪었던 것도 사실이다. 솔직히, 훨씬 화질이 좋고 더 멋지게 나올 캠코더가 매력적으로 다가왔다. 그러나 미래 전략가로서 컨설팅 주업이 있다 보니, 타이거럽과 판다럽의 콘텐츠 편집에 많은 시간을 투자할 수 없었다. 짬짬이 시간으로 편집해야 하는 입장에서 캠코더는 오히려 큰 짐일 수밖에 없었다. 그래서 하나는 포기해야 했다. 화질이냐 / 스토리냐, 영상미냐 / 시간이냐, 결국 저자는 스토리와 시간을 선택했다. 아이폰 12 프로 맥스로 부족한 화질을 어느 정도 보완했고, 스토리와 짬짬이 편집 전략으로 채널을 키워왔다.

<유튜브 접는다는 썸네일>

대부분 접는 이유는 구독자와 시청 시간이 나오지 않는 것. 시작한 지 6개월 이내에 포기하는 비율은 거의 90%에 달하는 것으로 추정된다.

<저자가 사용하고 있는 아이폰 12 프로 맥스>
화질 및 줌 기능이 업그레이드 되어
여러 고민 끝에 DSMR대신 선택했다.

 다시 한번 강조하지만, 장비보다 중요한 것은 콘텐츠 개발과 유튜브의 알고리즘 메커니즘을 제대로 이해하는 것이다. 아무리 비싼 장비와 최고의 촬영, 편집 기술을 가지고 있더라도 유튜브 알고리즘이 노출해 주지 않으면, 아무런 소용이 없음을 항상 기억하길 부탁드린다.

1-6
유튜브는 절대 황금 노다지가 아니다

       2020년 유튜브 통계분석 전문업체인 '플레이보드'의 분석에 따르면, 국내 광고수익 유튜브 채널은 인구 529명당 1명꼴로 집계되어 한국에 일상생활에서도 유튜브 크리에이터 되기 붐이 본격적으로 보편화되고 있다. 저자가 평가위원으로 있는 한국콘텐츠진흥원의 2019년 조사에서, 국내 방송업 종사자 수가 5만 명 수준인데 2020년 플레이보드 조사 기준 개인 유튜브 크리에이터 채널도 5만 개 정도로 방송업 종사자 수와

맞먹는 규모로 성장했다. 유튜브 업계에서 광고 수입 월 700만 원 이상으로 추정되는 구독자 10만 명 이상 채널은 3,829개였다. 이 비율은 광고가 붙는 국내 전체 채널의 6.8%에 그친다. 구독자 1만 명 이상인 채널은 1만 7,253개였다. 구독자 100만 명 이상을 확보해 연간 수입이 수억 원에 달하는 한국 채널 수는 331개로 집계됐다. 그만큼 한국의 유튜브 크리에이터 경쟁이 치열하다는 뜻이다.

유명 유튜브 크리에이터가 연간 몇억 혹은 몇천 수익을 낸다는 소리를 들으면 누구나 한 번쯤은 유튜브 크리에이터로 돈을 벌고 싶다는 욕망이 타오를 것이다. 2018년 대학 내일 20대 연구소에서 MZ세대를 대상으로 조사한 MZ세대의 유튜브에 대한 인식조사에서 전체 대상자 800명 중 26%가 유튜브 콘텐츠를 실제적으로 제작해 보았다고 답변했다. 2019년 사람인에서 조사한 유튜브 크리에이터를 꿈꾼다는 조사에서도 성인남녀 3,543명 설문에서 63%가 유튜브 크리에이터 도전 의향이 있다고 조사되었다. 이러한 데이터를 종합했을 때, 2022년의 MZ세대의 유튜브 크리에이터에 도전하려는 비율은 더욱 증가할 것으로 추정된다.

이렇게 유튜브 크리에이터 수가 점점 늘어나는 이유로는, 유튜브 크리에이터는 일반 창업과는 달리 채널 개설이 쉽고 하나의 아이디에 채널 개설 개수에도 제약이 없다는 것이 큰 몫을 차지한다. 콘텐츠만 있다면, 하나의 아이디에 채널을 여러 개 운영할 수 있다. 결국, 시드 머니(초기자금) 없이 창업을 할 수 있다는 큰 장점으로, 남녀노소 할것 없이 유튜브 크리에이터는 하나의 직업으로 자리매김했다. 더군다나, Covid 19 코로나 팬데믹은 더욱 이러한 상황을 급격하게 탈바꿈시킨 계기가 되기도 했다. 코로나 이전과 이후 비교를 해 보면, 유튜브 크리에이터 채널의 개수가 기하급수적으로 증가했다.

그러나 수익을 내는 채널의 함수 비밀은, 채널마다 수익 표준편차가 크다는 것이다. 채널 전체 평균 수익은 높게 나올 수도 있지만, 평균 이상의 수익을 내는 채널은 전체의 5% 이내이고, 월 10만 원 미만의 수익을 내는 채널 수는 총 채널 수의 90%로 추정된다. 그렇다면, 투자 시간, 비용과 에너지, 그로 인한 기회비용까지 생각한다면, 하루 최저 임금에도 미치지 못하는 채널 운영자가 넘쳐나고 있다.

또 하나의 함정은 구독자 수나 조회 수에 매몰되지 말라는 점이다. 녹스 인플루언서 같은 유튜브 통계 데이터를 살펴보면, 구독자 수와 추정수익은 결코 일치하지 않는다. 구독자가 몇만 인데, 월 수백만 원 이상의 수익을 내는 채널이 있는 반면, 구독자가 100만인데도, 몇만의 채널과 수익이 비슷하거나 오히려 수익이 나지 않는 경우도 있다. 물론 구독자가 많으면 당연히 영상 클릭 비율이 높을 것이다. 하지만, 100만의 구독자라도, 10만 이하의 조회 수가 나오는 경우가 많다면, 그것은 구독자에게 새로운 콘텐츠 알람이 가지 않거나, 찐 팬이 구독한 것이 아니라, '어쩌다 보니 구독자'(어구)의 수가 더 많다는 것을 의미한다. 또한, 조회 수는 많지만 시청 시간이 짧다면, 그 또한 많은 조회 수는 의미가 없다는 것이다. 표면적으로 드러나 있는 숫자에 매몰될 필요가 없다. 유튜브 채널을 활성화하려면, 구독자를 늘리거나 조회 수에 목적을 두기보다는 진정한 찐 팬(팬덤) 확보에 사활을 걸어야 한다.

황금 노다지 밭에 하나의 노다지를 캘 행운이 쉽게 나오지 않는다. 특히, 2021년 유튜브 알고리즘이 더욱 정교해지면서, 광고수익에 도움 되지 않는 콘텐츠는 노출빈도를 낮추는 경향이 있다. 그래서 유튜브 채널에 관심이 있거나 시작한 지 얼마 안 된 초보 유튜브 크리에이터는 깃발만 꽂으면 내 땅이 되는 유튜브 시장이 아님을 인지하길 바란다. 유튜브의 봄날은 이제 저물었다고 생각하고 이왕 유튜브 크리에이터로 승부를 건다면, 처절한 연구와 분석이 필요함을 인지해야 한다.

Part 2

알고리즘 노출의 핵심 – 팬덤의 존재 여부

2-1

나는 어떤 콘텐츠의 팬덤을 잡고 있나?

"타럽님, 재밌는 자막 덕분에 호랭이 가족이 좋아졌어요.", "타럽님 늘 잘 보고 있어요. 매번 이렇게 고퀄 영상 올려주신 덕분에 첨부터 끝까지 다 보고, 팬이 됐어요."

3개 채널을 운영하다 보니 시청자 반응 패턴이라고 할 수 있는 '댓글 문법'을 보며 흥미로울 때가 많다. 구독자의 성향은, 100만 떡상 영상을 접하면서 더 확연히 드러났다. 예를 들어,

유튜브 스튜디오에서 나오는 데이터(콘텐츠를 시청한 성별과 연령대는 물론 어느 국가에서 많이 보는지)와 충성도 높은 구독자가 댓글 다는 조회수, 몇 만 조회수의 영상 댓글로는 전혀 파악할 수 없는 구독자가 왜 우리 콘텐츠를 애청하는지 알게 되었다.

시청자 댓글을 통해서 파악한 타이거럽의 팬덤 형성은 크게 3가지 이유로 나타났다. 첫째, 탄탄하고 독특한 스토리, 둘째, 두 명의 영상 제작자가 보여주는 A,B컷 영상, 셋째, 스토리와 어울리는 BGM의 선곡이었다. 실제로, 타이거럽의 영상에 달린 수 없이 많은 댓글 중 몇 개를 살짝 소개하고자 한다. 댓글만 보아도 타이거럽의 영상에 진심임을 알 수 있다.

"자막이 넘 재밌고 친근하게 잘 만드신 것 같아요."
"제가 갓거럽님 외엔 글을 쓰지 않아요."
"타럽님! 여러 유튜브 크리에이터분들 영상중에서 타럽님 영상이 저의 최애였습니다."
"100만 되면 댓글 달려고 기다리고 있었는데 드디어 100만! 추카추카!!"
"갓럽님 덕분에 아이들 과거 숨은 영상들까지 꼭꼭 찾아보는 재미가 있답니다."

"타럽님! 그동안 힐링되는 영상과 순간 순간 좋은 영상 음악도 좋았답니다."

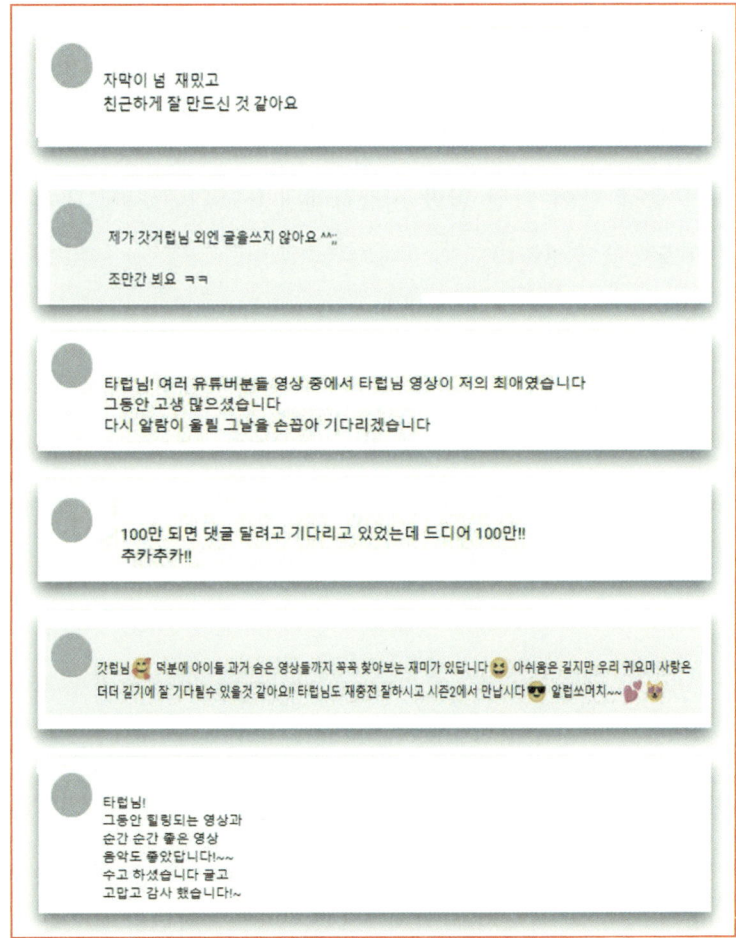

<타이거럽 Tiger love 영상댓글>

이러한 댓글의 반응을 분석해 보면, 유튜브를 비롯한 OTT 시장에서 MZ세대를 대표하는 소비자가 능동적으로 콘텐츠를 소비하거나 창작하는 경우가 증가되고 있다는 점이다. 예를 들어, 'BTS'처럼 한국 팬뿐만 아니라 세계 각국의 팬들이, BTS 영상을 지속해서 검색하는 활동을 하거나, BTS 악플마다 반박 등을 통해 팬이 아닌 일반 시청자에게 BTS의 가치에 대해서 적극적으로 홍보한다.

저자의 채널에도 비슷한 경험이 있었다. 정성껏 만든 영상이 해외에서 무단 불법 복제되어 떠돌때, 많은 구독자분들이 직접 유튜브에 신고도 해 주시고 불법 복제된 영상 출처를 직접 찾아 저자에게 알려주시는 노고를 아끼지 않았다.

이러한 팬덤(팬슈머)의 특성을 유튜브를 비롯한 OTT 알고리즘은 제대로 파악하고 있다. 이런 충성도가 높은 팬덤을 어느 정도 확보하고 있느냐에 따라서 유튜브 채널에서 떡상 영상의 유무가 존재한다. 모든 유튜브 크리에이터의 채널 활성화는 이러한 충성도와 지속성을 가진 팬덤을 얼마나 확보하는가에 달려있다.

2-2
추천 알고리즘의 핵심 - 팬덤이 있나?

앞에서도 이야기했지만, 저자의 채널 영상 화질이나 편집 실력이 뛰어나다고 생각하지 않는다. 거기다 전업 유튜브 크리에이터가 아닌, 컨설턴트와 학자라는 주업 속에 부족한 편집 실력을 만회하기 위해, 영상 제작에 올인할 수 없는 시간적 제약도 있다. 그러기에, 철저히 데이터 기반으로 스토리 라인 구성, 두 명의 채널 운영자가 집중 몰입형으로 영상 촬영, 스토리 라인에 맞는 배경음악 선곡에 집중해야 한다. 또한, 이동 중이거나 휴식 중에, 심지어 잠자는 동안에도 미리 구상하며 짬짬이 시간을 쪼개 채널을 운영해 왔다. 당연히 저자의 채널을 좋아하는 팬들은 이러한 노력을 알아주는 거 같다. "스토리가 남다르다.", "창의성이 뛰어나요.", "BGM이 너무 좋아요."에 이어 '갓거럽', '갓럽'이란 최고의 칭호를 들을 때마다, 영상 제작의 기쁨을 느끼기도 한다. 이러한 결과는 팬덤은 물론, 약 2만 명(데이터 기반 추산)이라는 호랑이 가족 찐 팬덤이 존재하기에 탄생할 수 있었다.

그러면, 팬덤은 모든 콘텐츠에 존재할까? 슬프지만 전혀 그렇지 않다. 아주 진지한 콘텐츠(강의식, 정치, 경제, 토론 등)는 광범위한 팬덤을 형성하기 쉽지 않다. 시청자가 유튜브를 보는 이유는 코로나 시대로 어려운 현실을 탈출하고 싶어 하는 본능이 있기 때문이다. 여기서 차트 역주행을 한 브레이브 걸스 이야기를 하지 않을 수가 없다. 10년 무명기간을 감내했던 걸그룹 브레이브 걸스는 2021년 한 팬이 올린 리뷰 영상으로 차트 역주행을 경험하게 된다.

브레이브걸스는 무명 걸스 그룹으로 10년간 지내오다 2021년 댓글 모음 영상 한편에 올려진 군부대 공연 댓글 영상으로 유튜브 알고리즘의 '추천'을 받아 일명 '떡상'이 되었다. 유튜브 추천 알고리즘으로 10년간의 무명 생활을 청산하게 되었는데, 그것은 MZ세대의 전폭적인 군인 아저씨들(팬덤)의 지지가 있었기에 가능했다. 행사나 축제에 남성그룹보다 걸그룹이 더 많이 초청되는 시장성을 갖는 이유 중의 하나가 MZ세대의 남성 팬덤의 영향력이 크기 때문이다. 브레이브 걸스가 지속해서 군부대 위문 공연을 진행했고 결국, 바이럴 마케팅의 에너지가 집약된 것이 유튜브 댓글과 클릭으로 나타난 유튜브 추천 알고리즘의 노출이라고 볼 수 있다.

이러한 브레이브걸스의 성공은 대규모 기획사의 플랜과 자본이 아닌 자신만의 실력을 팬덤이 알아주었다는 것이고, 그것을 데이터로 파악한 추천 알고리즘이 집중해서 노출해 주었기에 가능한 결과이다. 이러한 팬덤을 그나마 확보하기가 용이한 콘텐츠는 게임, 먹방, 뷰티, 키즈, 독특한 일상, 귀여운 동물, 영화리뷰, Vlog 등이다. 이러한 콘텐츠를 제외한 나머지 콘텐츠에서, 팬덤을 확보하려면, 차별화되고 독특한 매력적인 영상미, 탄탄한 스토리라인, 활발한 소통 능력 등이 보장되어야 한다. 다시 한번 강조하지만, 팬덤이 확보되지 않은 상태에서는 절대로 떡상은 고사하고 유튜브 크리에이터가 되려는 생각을 버려야 한다.

공무원이 운영하는 채널에서 구독자 20만 명에 700만의 떡상 영상이 나오는 것을 상상이나 해봤는가? 충 TV는 번뜩이는 공무원의 아이디어와 순수한 시청자 클릭수와 팬덤으로 20만의 구독자가 탄생하였다.

출처: 유튜브 채널 '충 TV'

검은색 양복을 입고 관짝으로 묘사한 스티로폼 상자를 짊어진 두 사람이 나와 춤을 춘다. 사회적 거리두기를 하지 않으면 관짝 신세를 면할 수 없다라는 메시지를 재미있게 풍자한 영상이다. 이처럼 충 TV의 영상은 어딘가 허술해 보이면서도 발랄하고 솔직한 감성으로 시청자에게 다가간다. 이것이 바로 충 TV가 MZ세대의 눈길을 사로잡은 포인트로 볼 수 있다.

이 채널을 운영하는 담당자는 어떤 신문과의 인터뷰에서 "MZ세대와 소통하기 위해선 자신만의 솔직한 이야기를 일관성 있게 꾸준히 풀어내는 것이 중요하다."면서 "구독자의 공감을 얻을 수 있도록 최신 트렌드를 반영하되, 재미를 통해 이끌어내야 SNS 등 온라인상에서 확산되고 화제가 된다."라는 채널 운영 방침을 이야기했는데, 이러한 충 TV 채널 운영자의 마인드는 MZ세대의 적극적인 새로운 팬덤을 확보해 갔다고 볼 수 있다. 아래 그림은 관짝춤 영상에 대한 시청자의 반응이다. 특히 '지자체 영상에서 370만 뷰'라는 댓글은 충TV의 팬덤의 깊이를 파악할 수 있다.

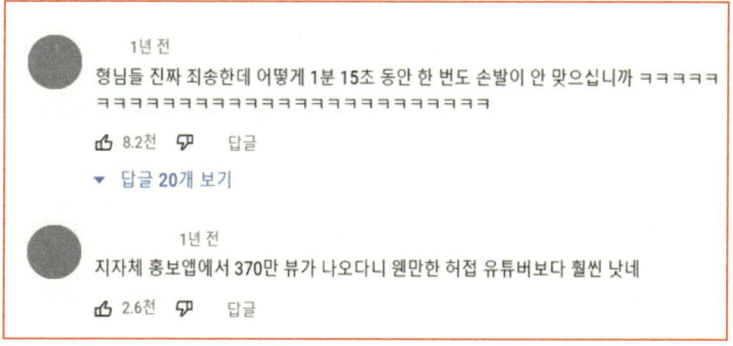

출처: 유튜브 채널 '충 TV'

2-3
알고리즘 파도타는 기술 1
폭넓고 깊은 팬덤층을 잡아라
(그들이 나의 채널의 불쏘시개다)

'팬덤'은 특정 대상을 열성적으로 좋아하는 집단을 의미한다. 대상이 같아 비슷한 생각과 의견을 가진 팬덤은 매우 강력한 영향력이 있다고 볼 수 있다. 이러한 점을 파악해 이미 여러 기업에서도 팬덤만을 대상으로 하는 특화된 팬덤 마케팅이 선행되어 왔다. 팬덤의 움직임은 특정 논문에서도 발표된 바가 있는데, 2018년에 발표된 '유튜브 뮤직비디오, 팬덤 분석'이라는 논문에서 뮤직비디오 팬덤에 대해서 다음과 같이 분석을 해 놓았다. 첫째, M/V에 대한 팬덤의 인기 정도는 공개 첫 주에 결정된다. 둘째, 소수가 팬덤의 원동력이 된다. 적극적으로 활동하는 팬은 전체 팬덤의 극소수에 불과하다고 한다.

이 2가지 분석 내용을 M/V가 아닌, 유튜브 채널로 바꾸어 비슷한 이야기로 만들어 볼 수 있다.

첫 번째, 채널의 팬덤이 반응할 골든 타임은 영상을 업로드한 후, 2시간(최대 4시간) 정도의 시간이다. 이때 업로드한 영상이 재미있거나 흥미롭다면, 콘텐츠에 관심이 있는 층이 적극적으로 자신의 의사표시를 진행할 것이다. 즉, 댓글과 좋아요가 예전 영상에 비해서 많이 달릴 수밖에 없다. 물론 떡상 영상이 아니더라도, 이미 형성된 팬덤은 긴 영상시청과 함께 댓글을 달겠지만, 보통은 시청만 하고 댓글을 달지 않는 경우가 더 많다.

그러나, 정말 특별한 영상에는 이렇게 "시청만 하는데 오늘은 안 달 수가 없어서 댓글을 처음 씁니다."라는 식의 댓글을 다는 경우가 있다. 이 영상이 떡상이 되어 더 많은 사람이 본다면, 댓글이나 좋아요는 급속도로 늘어나게 된다. 여기서 주의해야 할 점은 유튜브 추천 알고리즘에 노출될수록, 나의 팬덤이 아닌 새로운 카테고리의 시청자가 유입되면서, 선플보다 악플이 더 많아질수도 있다는 것을 인식해야 한다.

두 번째, 소수의 팬덤이 원동력이 된다. 야후의 전 기술 디렉터인 브래들리 호로비츠(Bradley Horowitz)는 팬덤 집단에서 1%만이 댓글이나 다른 방식으로 채널과 소통을 진행하며, 10%는 이러한 소통에 적극적으로 자신의 의견을 반영했으며, 나머지 89%는 콘텐츠만 선별해서 지켜보는 눈팅족이었다고 했다. 실제 유튜브 채널에서는 노출 시청자 중 구독자의 비율은 1% 내외이며, 댓글 다는 비율은 0.5~1% 내외로 봐야 한다. 1만 명의 구독자가 있다면, 노출된 시청자 수는 백만 정도이며, 한 영상당 댓글 수는 50~100개 내외라고 보면 된다.

이렇다고 보면, 나의 콘텐츠를 인정해주고 여러 SNS 플랫폼을 이용하여 콘텐츠를 홍보해줄 수 있는 팬덤은 매우 소중한 자산이다. 이러한 팬덤의 중요성을 파악한 OTT 업체들은 콘텐츠 제공이라는 단순 서비스를 뛰어넘어, 자체 커뮤니티 개설(유튜브)이나, 미디어 커머스(라방 등) 등을 통해서 새로운 수익원을 개척해나가고 있다.

요약하자면, 1인 미디어인 유튜브 크리에이터는 양질의 콘텐츠를 제공하여, 팬들에게 콘텐츠 시청의 즐거움을 주는 것도 중요하지만, 시청자(청취자) 혹은 구독자 커뮤니티를 자체 구축하여야 한다. 유튜브 크리에이터와 콘텐츠를 넘어서 자신의 콘텐츠 선호 데이터뿐만 아니라, 커뮤니티에 퀴즈나 설문자료를 통해 시청자의 성향을 알고, 적극적으로 응해주는 팬덤(찐 팬)이 내 채널의 활성화 여부를 좌우한다는 것을 항상 인지하고 있어야 한다.

<시청자 성향 파악 설문조사 예>

출처: 타이거럽

그럼 찐 팬을 어떻게 알 수 있을까? 찐 팬을 유형별로 분류해 보면 다음과 같다. (주의: 표면적으로 나타낸 팬들의 데이터로 분석한 내용이다. 드러내지 않고 많은 응원을 보내고 있는 분들은 제외하였다.)

- 새로운 동영상을 업로드하면, 잊지 않고 정성스럽게 댓글을 달아주며, 꾸준한 소통을 해주는 시청자는 광고를 클릭할 가능성이 매우 큰 찐 팬이다.

- 잘못 전달된 내용에 대해서, 제대로 정보 수정을 요청해 주는 분도 찐 팬이다.

- 커뮤니티에 사진이나 기타 정보를 올렸을 때 호응을 잘해주는 분도 찐 팬이다.

- 새로운 정보를 수시로 알려 주는 분도 찐 팬이다.

- 실수해도 너그럽게 이해하고 오히려 더욱 응원하는 분도 찐 팬이다.

타이거럽은, 전체 채널 구독자 14,000명의 10% 정도인 약 1,400명 정도가 진정한 찐 팬으로 추정하고 있다. 구독자 수가 4,250명의 판다럽은 약 20%인 900명 정도가 진정한 찐 팬으로 추산하고 있다. 판다럽의 찐팬의 비율을 더 높게 잡은 이유는 아무래도 타이거럽보다 판다럽이 노출되는 카테고리가 찐팬 위주이며 이러한 찐팬들이 광고를 반복적이고 오랫동안 시청함으로써 광고 비용인 CPM이 타이거럽보다 판다럽이 높고, 구독자 수 대비 댓글 수 비율도 판다럽이 더 많이 나타나기 때문이다.

결론적으로, 나의 영상을 떡상으로 만들어 줄 수 있는 팬덤은, 유튜브 크리에이터의 채널 운영 철학을 잘 이해하고 적극적으로 소통하는 팬을 말한다. 실제로 타이거럽과 판다럽은 아름다운 찐 팬이 많다. 저자가 어느 하나에 치우치지 않고 호랑이와 판다 가족 스토리를 담으려는 철학과 함께, 이벤트 중심이 아닌 성장 스토리를 담으려는 것을 잘 이해해 주시며 많은 응원을 보내고 있다. 그 팬들은 좋아요를 한 개밖에 할 수 없는 안타까움을 호소하기도 하고, 늘 감사 인사와 고생한다며 격려의 말씀도 잊지 않는다. 어떤 일이 있어도 지켜주겠다는 말로 용기와 힘을 얻어가고 있는 타이거럽, 판다럽은 그래서 행복할 수밖에 없다.

이런 팬덤의 형성은 초기 영상 반응에 매우 중요한 역할을 하며, 팬덤의 빠른 조회 클릭과 오랜 시청 시간 그리고 광고 클릭률은 유튜브 알고리즘 시스템을 태울 화력 역할을 한다고 볼 수 있다. 그래서, 영상 발행 후 초기 2시간이 매우 중요하여, 크리에이터의 영상에 즉각적이고 적극적인 반응과 호응이 떡상의 가장 중요한 초석이라고 말할 수 있다.

예를 들어 모 카드사 유튜브 채널은 구독자 백만 명에 2020년 업로드 한 '디지털 쉽계명'은 조회 수 2,164만을 기록한 떡상 영상이 되었다. 당연히 어느 정도의 마케팅 비용은 투자가 되었겠지만, 그래도 유효 클릭률 10%로 기준을 잡으면 214만 정도가 순 조회 수라고 볼 수 있다. 물론, 출연한 모델의 팬덤도 있겠지만, 모델을 쓴 다른 카드사 영상과는 달리 조회 수가 떡상 한 것은 이 카드 자체의 팬덤이 조성되어 있음을 추정할 수 있다.

또 하나의 떡상 팬덤의 예로, 버스, 지하철, 기차와 같은 대중교통수단 덕후들이 상당한 팬덤을 형성 중이다. 특히 버스의 경우 젊은 M세대와 Z세대에게 새로운 취업의 공간으로 떠오르고 있다. 그러나 버스는 매우 힘든 중노동의 공간이기에 이직률이 높은 반면, 대중교통에 관심이 많은 20대와 30대 남성 팬덤이 매우 깊게 형성되어 있다. 그래서, 평범한 것처럼 보이는 시내버스 기사의 영상이 200만 이상의 떡상을 보이고 있다. 아래의 썸네일은 200만 떡상을 이룬 '20대 버스 기사 이야기'이다.

출처: 유튜브 채널 '20대 버스 기사 이야기'

물론 모든 시내버스 기사의 영상이 200만을 확보하는 것은 아니지만, 깊고 끈끈한 소수의 팬덤을 확보할 수 있는 것은 떡상 채널을 만들 수 있는 확실한 초석이 된다. '하루 17시간 운전'이라는 영상에 있는 4,200 여개의 댓글 중 이 동영상 시청의 이유를 파악할 수 있는 몇 가지 댓글을 캡처해 보았다.

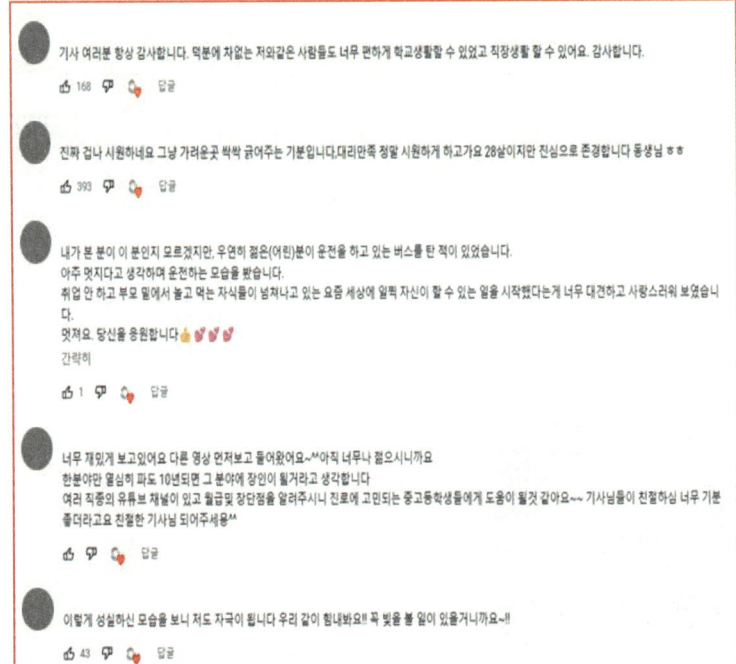

출처: 유튜브 채널 '20대 버스 기사 이야기'

　　캐나다 트럭커 군복 남자는 구독자 7만 명을 가지고 있는 트럭 팬덤들의 전폭적인 지지를 받고 있다. 특히 드넓은 북미대륙에서 힘든 트럭일과 함께 영상편집까지 진행하면서 7만 구독자는 물론 160만 조회수를 기록하는 영상을 만든다는 것은 유튜브 크리에이터로서의 뛰어난 능력은 물론, 넓고 깊은 트럭 및 모

빌리티 시청자들의 전폭적인 팬덤을 확보할 수 있었기에 채널 활성화와 100만 떡상 동영상이 탄생할 수 있었다고 판단된다.

출처: 유튜브 채널 '캐나다 트럭커 군복남자'

또 하나의 넓고 깊은 팬덤을 가지고 있는 콘텐츠는 드론 분야이다. 비지트 채널에 올린 [1종 드론 실기 구술시험 총정리, 한세 드론 아카데미] 라는 영상은 조회수 3만 8천인데, 평균 시청 시간은 8분 20초에 달한다. 78%의 시청자가 30초 지점에서도 시청을 지속할 뿐만 아니라, 전체적으로 시청 실적이 높음을 알 수 있다. 국토교통부 유튜브 채널의 드론 관련 영상도 조회수가 4만 가까이 나오고 있는 걸 보면 비지트의 조회수가 상당히 높은 수준이다.

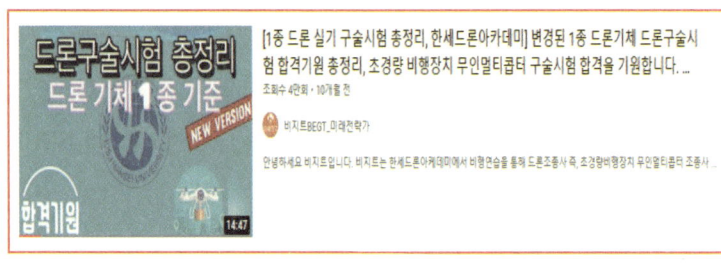

출처: 유튜브 채널 '비지트(BeGT)'

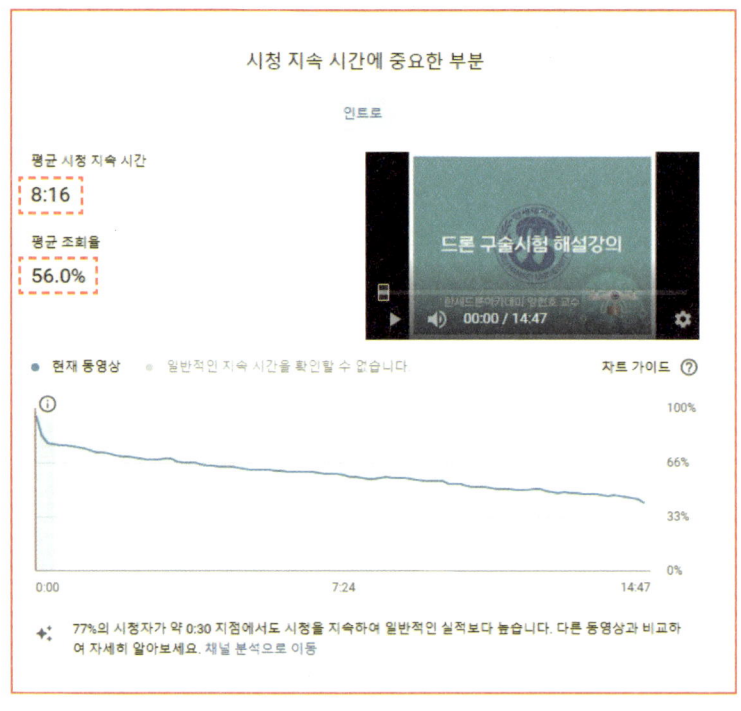

출처: 유튜브 채널 '비지트(BeGT)'

저자도 드론 조종자(공식명칭: 초경량 비행장치 조종자) 국가 자격증을 소유하고 있는데, 2021년 12월 현재, 국가 자격증인 드론 조종자 자격증 획득 인원은 5만 명이 넘어섰으며, 앞으로 지속적으로 그 인원이 증가할 것으로 보이는 바, 드론 관련 팬덤들이 지속적으로 증가할 것으로 예상한다.

2-4
알고리즘 파도타는 기술 2
노출 광고에 거부감이 들지 않게 팬덤이 공감할 수 있는 감동을 덧칠하라

2020년 8월 이른바, 유튜브 크리에이터 뒷광고 사태로 몇 명의 유튜브 크리에이터가 사과하고 한동안 유튜브를 접는다는 발표가 잇따른 적이 있다. 이 사건의 본질은, 유료광고를 표시한 영상 조회 수가 현저히 떨어지는 문제점으로 인하여, 유료광고가 제공된 것을 표시하지 않았다는 점이 이슈가 된 것이다. 유튜브 크리에이터의 수익 모델은 보통 4가지 카테고리로 나타난다. '조회 수 기반의 유튜브가 제공하는 광고수익(구글 애드센스)', '구독자의 참여 후원(슈퍼챗 등)', '기업이 개별 유튜브 크리에이터나 MCN에 제공하는 계약 광고(브랜디드, PPL 등)', 유튜브 크리에이터가 온라인상에서 상품이나 서비스를 선전하는 '온라인 커머스' 등이 있다.

2020년 한동안 많이 보였던 '뒷광고 죄송합니다'

저자의 채널은 이 중에서 구글 에드센스 광고만 활성화하고 있으며, 나머지 유형의 광고는 채널에서 전혀 도입하지 않고 있다. 채널 특성상 나머지 방식은 팬덤으로부터 외면당할 가능성이 존재하며, 실제로 채널 운영자로서 채널 운영 철학과 맞지 않는 부분이라 배제하고 있다.

하지만, MCN(크리에이터 매니지먼트사) 간의 경쟁이 치열한 현재의 유튜브 생태계에서는, 적게는 수명에서 많게는 수십 명의 스태프가 투입되어, 공중파나 OTT 프로그램, 상업용 수준의 콘텐츠를 제작하는 등 경쟁이 격화되고 있다. 이러한 경쟁 격화는 결국 시청자에게 광고 노출도 되지 않고 조회 수도 보장되는 수백만 원대에서 수천만 원에 이르는 뒷광고가 서서히 나타나도록 한 배경이 되었다고 볼 수 있다. 2020년 이러한 뒷광고 사태가 이슈화된 이후, 시청자는 약간의 뒷광고로 의심되면, 과감히 채널 구독 취소나 배제하는 형태로 유튜브 크리에이터의 직간접적인 광고 시청에 대해서 큰 거부감을 나타내는 양상을 보이고 있다.

이러한 광고에 대한 시청자의 거부감이 형성된 상태에서 과연, 팬덤 수십만 명을 거느리고 있는 유튜브 크리에이터라도 양질의 상품을 저렴한 가격에 제공한다는, 라이브 커머스를 병행한다고 해서 사업이 성공할 수 있을까? 물론, 어떤 시청자에게는 먹방이나 IT 기기를 다루는 경우는 그러한 인플루언서의 정보제공이 효율적일 수도 있다. 하지만, 유튜브 입장을 생각해

보았을 때, 시청자가 거부감을 느끼는 유료광고가 첨부되었다고 한다면, 동영상을 반갑게 맞이할 수 있을까? 라는 질문을 던질 수밖에 없다. 특히 2021년에 들어서면서 유튜브 추천 알고리즘은 시청자의 심기를 파악할 만큼 매우 정교하게 진화되었다. 그래서 유튜브는 2021년 1월 유료광고 정책에 대해서 다음과 같이 가이드라인을 설정했다.

유료 프로모션에 포함될 수 없는 제품 및 서비스

- 불법 제품 또는 서비스
- 성매매 또는 에스코트 서비스
- 성인용 콘텐츠
- 국제 매매혼 알선
- 기분 전환용 약물
- 처방전 없는 약품
- 아직 Google 또는 유튜브의 검토를 받지 않은 온라인 도박 사이트
- 시험 또는 테스트 부정행위 서비스
- 해킹, 피싱 또는 스파이웨어
- 폭발물
- 허위 또는 오해의 소지가 있는 비즈니스

이와 관련된 서비스에 대한 예를 다음과 같이 들었다.

- 학업 에세이 작문 서비스의 유료 프로모션(대필)
- 위조 여권을 판매하거나 공공 문서를 위조하는 방법을 알려주는 웹사이트의 유료 프로모션
- 가짜 신용카드 번호를 생성하는 소프트웨어의 유료 프로모션
- 처방전 없이 규제 의약품을 판매하는 온라인 약국의 유료 프로모션

특히, 요즘은 애드블록 같은 유튜브 광고 제거 프로그램을 공공연히 다운로드해서 광고를 스킵하는 경우가 있다. 그러기에 시청자가 나의 콘텐츠에 붙은 광고를 최대한 스킵하지 않도록 하는 전략은 무엇일까? 아예 대놓고 광고라고 했던 모 제약회사의 유튜브 광고를 예를 들면, 구독자가 3천명인데, 조회 수는 357만, 거의 구독자의 천배 수준 떡상이 나온 영상이다. 물론 광고 마케팅을 했다고 하더라도, 10% 정도는 광고 콘텐츠 자체가 매력이 있어서 클릭한 경우로 간주한다면, 순수 조회 수 35만이라는 이 영상은 떡상이 맞다. 여기에 달린 댓글 중에서 팬덤이라고 간주할 수 있는 의미심장한 댓글을 몇 가지 소개한다.

"와 ㄹㅇ존귀탱이다 광고 찾아서 댓글 달러 오는 건 흔하지 않은데"

"아 진짜 겁나 귀엽다... 노래 들으려다 광고 떠서 봤는데 개 예쁘다 밝아 보여서 보는데도 기분이 좋다 아 진짜 이마 빡빡 친다."

"잼나고 눈에 쏙쏙 들어오네요."

"광고 기준을 어른으로 하지 않아서 좋은 것 같아요."

    이 댓글을 분석해 보면, 이 광고에서 출연한 모델이 어느 정도의 팬덤을 가지고 있다 하더라도, 시청자는 이 광고를 광고로 인식하지 않고 일종의 웹드라마로 인식하는 것으로 나타났다.

    또 다른 팬이 내 채널의 광고를 스킵하지 않는, 팬덤이 자발적으로 광고를 클릭해 주는 일명 감동전략으로 채널을 운영하는 것이다. 모 영어 채널에서는 구독자들이 아예 대놓고 광고를 클릭해 주자는 댓글을 아주 쉽게 볼 수 있다. 광고를 거추장스럽게 생각하기는커녕, 광고를 클릭해 주는 것이 보답이라며 댓글에 팬덤이 서로 광고를 클릭하도록 독려하는 현상이 나타나는 것이 매우 독특한 일이다.

    파트 4에서 자세히 다루겠지만, 진정으로 채널을 사랑하는 팬덤은 유튜브 광고를 노출해도, 유튜브 크리에이터의 수익 창출에 도움을 주기 위해 광고를 스킵하지 않고 보는 편이다. 그러면 유튜브 알고리즘에서는 이러한 팬덤을 데이터로 파악하여 팬덤이 필요로 하는 광고 노출을 최적화하거나, 웹드라마 식의 광고를 붙여서 팬이 스스로 찾아보게 만든다. 이 제약회사 광고가 그러한 트렌드를 보여주는 하나의 예라고 볼 수 있다. 채널을 운영하는 유튜브 크리에이터는 반드시 어떠한 광고가 노출되었을 때, 나의 팬덤이 노출을 피하지 않는지에 대해서 철저히 파악해야 한다. 그래야 채널 수익이 안정성을 최대한 보장받을 수 있고, 팬덤에 더욱 양질의 콘텐츠를 제공할 수 있다.

매일경제는 마케팅 팬덤을 넓이(팬덤 규모)와 깊이(충성도)에 따라 크게 네가지 유형으로 나눌 수 있다고 말하며, 기업에게 힘이 되기도 하지만 때론 위협이 되기도 한다고 말하고 있다. 유튜브 또한, 채널 운영자는 내 채널의 시청자가 콘텐츠 선택뿐만 아니라 광고 클릭에 대해서 '좁고 깊은 팬덤', '넓고 깊은 팬덤', '좁고 얕은 팬덤', '넓고 얕은 팬덤'에 대한 인지를 유튜브 스튜디오 데이터를 통해서 반드시 파악해야 한다. 떡상 동영상을 제작하기를 원한다면, '넓고 깊은 팬덤'이 유튜브에서 제공하는 광고를 싫증 내지 않을 정도의 충성스러운 콘텐츠인지를 파악하는 것이 매우 중요하다.

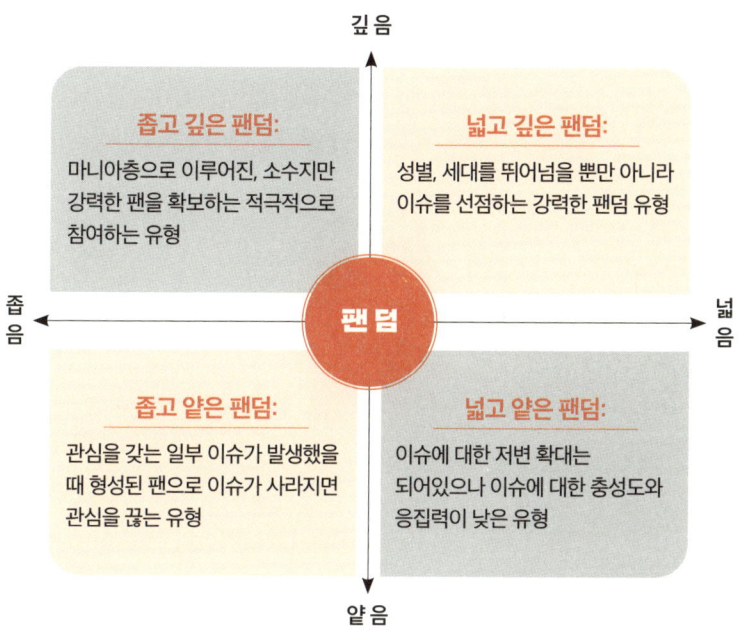

<유튜브 팬덤의 유형 분류>

출처: 매일경제신문/저자 재구성

2-5
알고리즘 파도타는 기술 3
클릭베이트를 삼가라
(판단 기준: 높은 노출 클릭률과 절대적으로 낮은 시청 평균 시간)

유튜브 스튜디오엔 많은 데이터를 분석해 놓은 대시보드가 있다. 상당히 많은 데이터가 분석된 데이터의 보고다. 이 데이터 중 노출 클릭률을 보면 나의 팬덤을 알 수 있다. 그럼 노출 클릭률은 무엇일까? 유튜브 크리에이터가 시청자에게 콘텐츠를 보여주기 위해서는 다음의 3가지 과정을 거쳐야 한다.

첫 번째, 유튜브 크리에이터가 동영상과 썸네일을 제작한 후 업로드한다. 두 번째, 알고리즘이 시청자에게 썸네일을 노출하고 클릭을 유도한다. 세 번째, 시청자가 썸네일을 클릭하고 동영상을 시청한다. 여기서 노출 클릭률이란, 두번째 과정에 포함되어 있다. 썸네일을 노출했을 때 클릭한 확률이 노출 클릭률이며, CTR(Click-Through Rate)이라고도 부른다.

여기서 알 수 있는 아이러니한 사실은, 동영상 내용과 상관없이 썸네일만 잘 만든다면, 시청자의 클릭을 유도할 수 있다는 것이다. 즉, 노출 클릭률은 동영상의 퀄러티와 상관없이 높일 수 있다. 하지만, 내용과 상관없는 썸네일을 사용해서 노출 클릭률을 높이게 되면, 유튜브 알고리즘은 클릭베이트(Clickbait)[2] 혹은 어뷰징(낚시)으로 간주한다. 구체적으로 CTR 즉, 클릭률이 높지만 평균 시청 지속시간이 짧으면 클릭베이트로 인식하고, 채널의 영상 노출 수를 줄여나간다. 알고리즘이 클릭베이트 혹은 유사 클릭베이트라고 인식하는 3가지 예를 들어보겠다.

---

2. 클릭베이트(clickbait): '클릭'(click)과 '미끼'(bait)의 합성어로, 자극적인 썸네일과 헤드라인을 제시하여 조회수 떡상을 끌어내는 것을 뜻한다. 전혀 다른 내용에 시청자들의 실망으로 채널에 대한 관심도를 저하시키는 요인이 된다.

첫 번째, 시청 지속시간은 낮은데, 노출 클릭률이 터무니없이 높다면? 알고리즘은, 유튜브 크리에이터의 썸네일이 콘텐츠 내용과 관련이 없는 클릭베이트로 간주하여, 노출 비율을 낮추는 작업에 들어간다.

두 번째, 시청 지속시간과 노출 클릭률이 둘 다 높다면? 알고리즘은 노출 빈도를 일단 높여본다. 그런데 얼마 가지 않아서 떨어진다면, 한 두번은 썸네일을 잘 만들었다고 간주할 수도 있다. 하지만, 이것이 지속적이면, 클릭베이트로 간주하여 역시 노출을 줄여나간다.

세 번째, 시청 시간은 높은데, 노출 클릭률이 낮은 경우다. 알고리즘은 지속해서 채널 운영자에게, 썸네일 좀 이상한 거 아니냐? 바꾸는 것을 추천하는데 바꿀래? 또는, 흥미로운 영상인 건 알겠는데, 특정 마니아층만 보는 영상일 수 있다. 대중적인 영상은 아닌 듯 보인다. 노출은 하겠지만 빈도를 낮추겠다. 이래도 안 바꿀래? 라는 신호를 보낸다. 그런데도 안 바꾼다면, 그 채널의 영상 노출을 점점 줄여나간다.

이 세 가지 사례에서 공통적으로 강조되는 것은 노출 클릭률이 아닌, 시청 지속시간이다. 이렇게 시청 지속시간이 높을수록 노출은 확대된다. 아래 댓글은 구독자가 모 채널에서 영상을 업로드한지 얼마되지 않아서 조회수가 수십만이 나왔는데, 그 영상에 대한 시청자들의 반응 일부를 인용해 보았다. 시청자들은 이 영상을 클릭베이트했다고 간주하고 다음과 같은 반응을 보이고 있다.

- "허위 인성으로 살면 결국 살다가 사기쳐서 감방간다."
- "제목 이런식으로 낚시질해서 한번은 클릭수 늘리겠지만 두 번 다시 안본다는 걸 모를까."
- "길게 보면서 유튜브 하세요."
- "제목 사기 유튜브 방송 금지해야 합니다."

이러한 클릭베이트가 없다라는 전제하에, 떡상 영상으로 가기 위한 다음 요건은 시청자들의 시청 지속시간이 최소 40% 이상 유지해야 한다. 즉 10분 영상이면 최소 3분 이상 시청해야 한다. 이 40%는 영상 업로드 후 4시간이 경과되는 시점까지 유지해야 하며, 여기에 노출 클릭률 7%를 유지한다는 조건까지 붙는다. 이 두 가지 요건 중에 하나라도 충족하지 못하면, 유튜브 알고리즘은 이 콘텐츠를 더 많은 시청자들에게 추천하지 않을 가능성이 높아진다. 만약 시청 지속시간은 40%인데 노출 클릭률이 7% 미만으로 나왔다면, 3가지 원인으로 추정할 수 있다.

- 썸네일이 시청자에게 어필이 되었는가?
- 동영상 제목과 태그를 정확하게 넣었는가?
- 내가 제작한 콘텐츠와 비슷한 영상이, 다른 유튜브 크리에이터가 비슷한 시간대에 업로드되었는가?

유튜브 알고리즘은 "신규 동영상"을 확실히 볼 거 같은, 소수의 시청자(팬덤)에게 집중적으로 노출한다. 그러므로 신규동영상이 업로드된 후, 일정 기간 동안 노출 클릭률이 상당히 높다. 그럼에도 불구하고 영상 업로드 후 7%가 나오지 않으면, 그 영상은 일단 망테크를 탔다고 보면 된다. 노출 클릭률이 7%가 넘고 평균 시청 시간이 총시간의 40%를 넘으면 점점 다양한 카테고리를 선호하는 시청자에게 노출한다. 때문에 노출 클릭률 역시 점점 축소되는 것은 당연하다. 그럼에도 불구하고 노출 클릭률이 7% 이상 유지한다면 알고리즘은 이 콘텐츠가 떡상 영상의 잠재력을 가졌다고 판단하고 집중적으로 무차별 노출에 들어간다.

아래의 데이터는 타이거럽의 최고 떡상인 조회 수 123만인 영상 유튜브 스튜디오의 노출 데이터이다. 1인당 평균 1.4회의 조회 수를 보이며, 한번 영상을 보았을 경우 6분 24초라는 경이로운 평균 조회 시간이 나온다. 88.6만 회 조회 수에 19분짜리 영상에서 6분 24초 의 평균 시청 시간은 총 영상 길이 33%

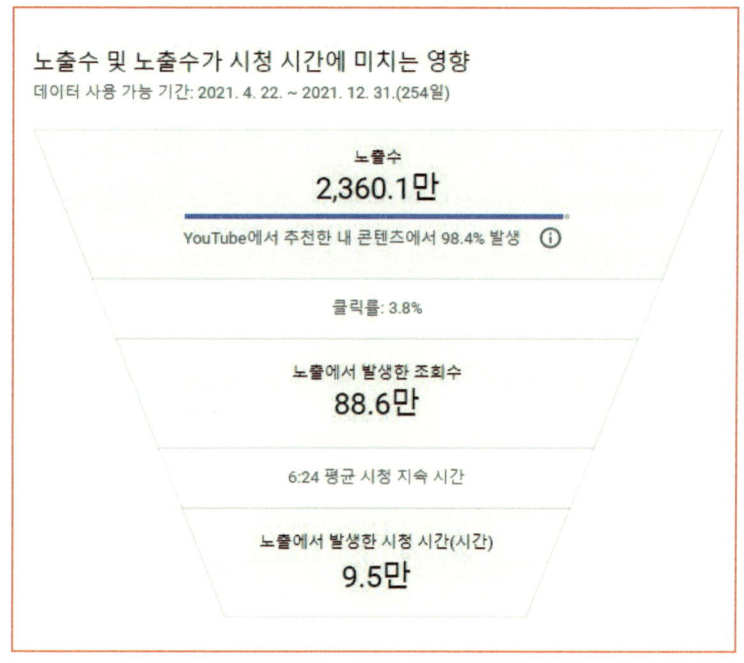

<100만 떡상 영상의 노출 데이터>

출처: 타이거럽

의 평균 시청 시간을 보여주는 경이로운 수치이다. 그만큼 높은 노출 클릭률은 물론, 높은 평균 시청 시간을 알고리즘에서 인지했기에 이런 떡상 영상이 가능했다.

또 다른 예로, 매우 간단하게 음식을 만드는 모습을 담아내는 채널인데 전체 영상 중 몇개 영상이 천만 조회수 이상을 기록하였다. 1천만 이상의 떡상이 가능했던 이유는 외국인이 덕후(팬덤)로 광클을 끌어낸 것으로 여겨진다. 댓글 대다수가 외국인이었다. 그래서 유튜브 알고리즘 역시 한국 시청자보다는 외국인 시청자에게 집중적으로 노출한 것으로 추정된다. 이러한 외국인 시청자에게 집중적으로 노출될수 있었던 것은 '넓고 깊은 팬덤' 층을 가질수 있는 코로나로 열풍이 분 '집밥'과 한류 음식에 관심이 많아진 '외국인' 팬덤층을 확보할 수 있었기 때문이다.

요약하자면, 떡상을 달성하기 위해서는 클릭베이트는 무조건 피하고, 높은 노출 클릭률 대비 적절한 평균 시청시간이 나와야 가능하다.

2-6
알고리즘 파도타는 기술 4
짧고 중독성을 갖춘 콘텐츠 노출 전략
(shorts 활용)

전(前) 구글 디자인 윤리학자였던 트리스탄 해리스(Tristan Harris)는 다큐멘터리 영화 <소셜 딜레마>에서 "유튜브를 비롯한 모든 SNS의 알고리즘은 시청자 선호도나 관심도에 초점을 맞춘 것이 아니라, 이러한 시청자 데이터를 통해서 유튜브나 SNS에 빠져드는 중독성을 극대화하는데 최적화되어있다."라고 언급한다.

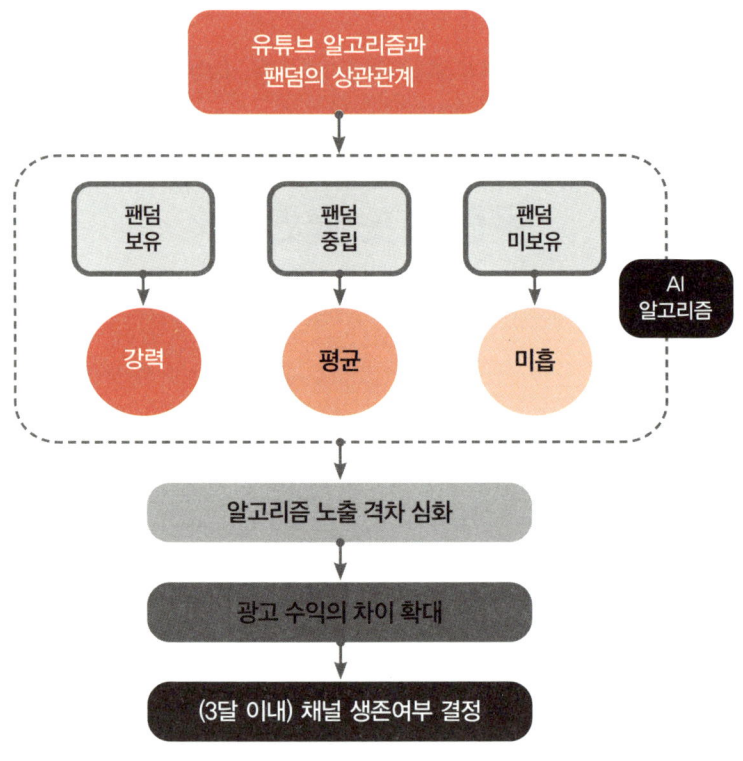

<유튜브 알고리즘과 팬덤의 상관관계>

    여기서 말하는 중독성은, 결국 시청자가 자주, 오랫동안 영상에 머무르게 하는 전략을 뜻한다. 이러한 알고리즘 특성을 과학적으로 분석한, 2021년에 발표된 한 논문은, 클라이맥스가 앞에

있는 구조보다 뒤에 있는 구조가 동영상 콘텐츠 시청 최종 결과인 조회 수가 높게 나왔다. 특히, 동물과 여행 카테고리 영상 콘텐츠의 경우에 이러한 결과가 두드러진 것으로 나타났다. 논문 결과를 살펴보면 시청자 선호도와 중독성을 이끌어 낼 수 있는 콘텐츠에 대해서 유튜브 알고리즘은 미리 파악하고 있다. 이러한 콘텐츠라고 데이터상 드러날 때, 이 영상을 노출하는데 주저하지 않는다는 사실이 이제, 감이 아닌 과학적으로 증명이 되고 있다.

이러한 정교한 데이터를 가지고 있는 유튜브 알고리즘은, 틱톡 경쟁자에게 시청자의 중독성이 강화되는 트렌드를 파악하여, 요즘 유튜브는 1분 이하의 영상만을 다루는 shorts(쇼츠)에 알고리즘 초점을 맞추는 경향을 보인다. shorts가 도입된 초기만 하더라도 어느 정도의 영상 퀄러티만 갖추면 떡상이 가능했지만, 시간이 어느 정도 흐른 요즘은 shorts가 넘쳐나기에 떡상의 가능성은 점점 줄어들고 있다.

유튜브 shorts는 1:1 정사각형이나 세로형(9:16) 형태로 제작된 1분 이하의 영상을 말한다. shorts는 일반 동영상과는 달리 영상 업로드 후 알람 설정한 구독자들에게 알람이 가지 않으며, 철저히 시청자의 시청 성향에 대한 데이터 분석을 기반으로 시청자를 매칭하며 알람이 이루어지고 있다.

 초창기 타럽이 정사각형 형태로 제작한 shorts 영상은 3,100이라는 조회 수만 기록했으며, 이것은 일반적인 타이거럽 영상 하나당 평균 조회 수인 4만에 비하면 10분의 1도 안 되는 수치이다. 이것은 정사각형 형태로 제작이 되어 shorts 추천 알고리즘에 최적화된 데이터(영상 콘텐츠 크기 비율 등)에 적합하지 않아서 노출을 극대화 시키지 않았던 것으로 추정된다.

 그래서 shorts 영상은 가능한 세로방향으로 영상을 제작할 것을 추천한다. shorts 영상의 알고리즘은 시청자에게 짧은 시간 동안 중독성을 극대화하여, 반복적으로 보게 만드는데 최적화되어 있다. 그래서 시청자들은 shorts 영상을 시청하게 되면 짧은 동영상으로도 충분히 그 영상 안에 빠져드는 중독성을 가지게 되므로 일반 영상에 비해서 반복 시청율이 높을 것으로 추정된다.

 shorts의 출현이 의미하는 것은, 기존의 유튜브 콘텐츠의 신선함이 상실되고, 노출 클릭률 및 광고 클릭률 저하로 새로운 플랫폼을 만들었다고 볼 수 있다. 이러한 shorts 영상의 출현으로 기존 유튜브 크리에이터의 시장 성장은 더욱 어려워지고 있으며, 기존의 영상 대부분이 새로운 트렌드를 읽어내지 못한다는 것을 시사하고 있다. 이러한 현실적 트렌드를 파악한 유튜브 알고리즘은, shorts를 통해서 새로운 시각을 가진, 신진 유튜브 크리에이터의 유입을 가속화시키기 위해 shorts 영상 노출을 지속해서 빌드업하고 있다.

더욱 최악인 것은 이러한 시청자의 중독성에 맞춘 유튜브 알고리즘의 전략은, 기존 유튜브 크리에이터에게 자신만의 노하우, 경쟁력이 고스란히 노출되고 공유되어, 알고리즘에서 벗어날 수 없게 만드는 필터 버블 현상이 심화되는 것으로 볼 수 있다. 예를 들어, 제조업체와 같은 기업은 그들만의 노하우를 공개하지 않고 상품을 제조할수 있지만, 유튜브 세상에선 알고리즘에 의해서 모든 게 노출된다. 유튜브 크리에이터의 콘텐츠, 화법이나 진행 방식, 그리고 프로세스 등 모든 것이 완전히 오픈되고 공유된다. 이 방대한 데이터는 더욱 정교하게 축적되어 유튜브 스튜디오를 통해서 데이터로 제공되고, 이러한 노하우를 후발주자는 업그레이드한다. 이같이 유튜브 알고리즘은 치열한 경쟁을 유발해 시청자가 오래 머무를 수 있게 하는 최적의 데이터를 산출해낸다.

그러면, 시청자가 로그아웃 상태로 접속해서 구글 계정에 정보가 남지 않게 된다면, 알고리즘 콘텐츠 추천 메커니즘을 막을 수 있을까? 유튜브의 경우 로그인한 상태에서 '설정' 페이지에 들어가 '기록 및 개인정보 보호'를 선택한 뒤 '시청 기록 지우기'와 '검색 기록 삭제'를 통해 쉽게 이용 정보를 없앨 수 있다고 일부 유튜브 채널에서는 친절히 가르쳐 주고 있다. 그런데, 이미 유튜브 알고리즘은 이러한 시청자의 로그 기록 삭제 움직임을 파악하고 그다음 단계로 진화하고 있다.

예를 들어 저자가 로그 기록을 다 지우고 로그인하지 않은 상태에서 유튜브에 접속한 직후 나타난 8개의 추천 동영상 중, 넷플릭스 추천 영상과 자동차 추천 영상, 그리고 추천 맛집, 브이로그, 가을을 담은 음악 등 5개는 저자가 자주 보던 콘텐츠와 유사 콘텐츠를 추천해 주었다. 아마도 자주 이용하는 IP주소가 뜨니까 그 이전 데이터로 이렇게 추천해 주는 것 같다.

즉, 이미 방대한 데이터를 가진 유튜브 알고리즘은, 이전 활동에 대한 데이터를 지우고, 시청자가 영상 1~2번만 보더라도, 국내 아이피(IP) 주소의 특성을 다 파악한 상태라고 여겨, 관련된 광고 영상이나 추천 영상이 노출할 수밖에 없을 것으로 추정된다. 이때 시청자가 선호하는 영상 카테고리의 높은 중독성을 가진 새로운 콘텐츠에 긍정적인 반응을 보이면, 유튜브 알고리즘은 고도화된 추천 동영상 노출을 진행할 것이다.

한국관광공사가 운영하는 'Imagine your Korea' 채널의 해외 홍보 영상인 '머드맥스'는 두 달이 다 되어가는 기간 동안 3,456만이라는 경이로운 조회 수를 보여주고 있다. 평균적으로 기업이나 관공서의 홍보영상의 경우에는 10%의 유효 클릭률을 보유하고 있는 것으로 간주하는데 이를 고려하더라도, 350만이라는 유효 클릭수는 100만의 구독자를 가지고 있는 인기 유튜브 크리에이터들도 쉽게 나올 수 없는 떡상 조회수이다. 물론 저자가 조사한 바에 따르면, 유효 클릭수의 80% 이상은 외국 시청자들인 것으로 추정하는데, 그만큼 한국관광공사의 홍보영상은 외국인 팬덤들의 응집도가 상상을 초월하는 수준으로 판단된다.

<머드맥스>

한국관광공사 홍보팀 제공

 또 다른 예로, 집밥에 관련된 콘텐츠인데 썸네일도 매우 간단하고, 별 내용이 없는데도 불구하고 약 600만 조회수를 기록한 영상이 있다. 댓글 반응들 보면 "양파 채 써는 거 배워간 걸로 이 영상은 가치가 있다."라는 것에 왜 이 영상이 중독성 있는지 알 수 있다. 이미 알고리즘에서는 이러한 시청자들의 반응이 더 많은 시청자들에게 노출시켜도 이 영상은 떡상이 될 가능성이 충분하다고 간주하여 더 많은 카테고리 시청자들에게 노출시킨 것으로 판단된다.

두 영상의 떡상 특징을 정리하자면, 길이가 매우 짧지만, 짧은 순간 영상의 임팩트 있는 중독성을 지닌 것으로 파악된다. 머드 맥스는 '경운기 시동 거는 장면', 그리고 집밥 만드는 영상의 경우, '양파 채 써는 장면'에서 엄청난 임팩트를 보여주고 있다. 특히, 머드맥스의 경운기는 Z세대에게 신선한 충격을 던졌다. 실제 댓글에서 '개간지'라는 단어를 수도 없이 많이 보았는데, 이러한 '개간지' 나는 경운기를 저자도 한번 운전해 보고 싶을 만큼 중독성이 강한, 잘 만든 콘텐츠이다.

이러한 유튜브 알고리즘의 진화는, 결국 틱톡이나 인스타 릴스 같은 Z세대를 대표하는 10대의 영상 시청 변화 트렌드를 유튜브 알고리즘도 인식하기 시작했다고 파악해야 한다. Z세대의 니즈 변화에 발맞추어 유튜브 추천 알고리즘은 shorts 영상과 중독성을 갖춘 콘텐츠를 노출한다는 것으로 변화하고 있다. 그런데, 유튜브 크리에이터가 아직도 광고를 더 많이 담기 위한 10분짜리 영상만을 고집한다면, 떡상은 점점 어려워질 수밖에 없다. 10분 이상의 영상으로 광고를 더 많이 담을지 아니면 임팩을 주더라도 짧은 시간안에 영상을 담을지, 유튜브 크리에이터 스스로 유튜브 스튜디오 데이터를 잘 분석해내어야 한다.

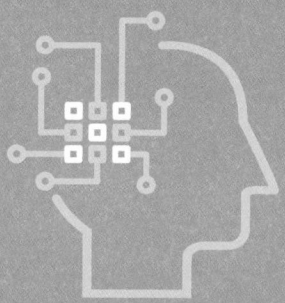

Part 3

유튜브 크리에이터는
예술가가 아닌 데이터 분석가

3-1
내 콘텐츠에 알고리즘의 중독성을 부여받아라

2018년 페이스북 사장은 "소셜네트워크서비스(SNS)가 인간 심리의 취약성을 착취하고 있다."라며 "우리가 아이들 뇌에 무슨 짓을 했는지는 신만이 아실 것"이라고 알고리즘 중독성에 대해서 이슈화 시킨 적이 있다. 마찬가지로 유튜브 역시 엽기 동영상, 먹방, 욕설 방송 등 자극적이고 중독성을 가진 콘텐츠를 추천한다는 편견을 시청자들이 가질 수 있을 것이다. 물론 이것은 유튜브 알고리즘의 이롭지 못한 부분만 부각이 된 측면이 있다.

유튜브 알고리즘의 분석을 시작하기 전에 OTT 서비스에 대해서 먼저 이야기를 할 필요성이 있다. 미국 보스턴 컨설팅 그룹(BCG)은 코로나 펜데믹의 영향으로 2020년 세계 OTT 시장 규모가 1,100억 달러 규모로 성장했다고 발표했다. 국내 OTT 시장 규모도 2014년 2천억 원 규모에서 2021년에는 1조 원에 달하는 규모로 성장했다. 이러한 시장 규모 확대의 주요한 요인으로 넷플릭스, 유튜브, WAVVE로 대표되는 OTT 제공업체의 추천 알고리즘에 있다.

각, 다른 추천 알고리즘을 이용해 시청자에게 인공지능 기반, 개별 맞춤식 추천 서비스를 제공하여 시청자 확보에 성공했다. OTT 제공 업체의 성공 여부가 추천 알고리즘에 달려 있다고 해도 과언이 아닐 만큼 시청자 맞춤식 추천 알고리즘의 발전이 거듭되고 있다. 이러한 추천 알고리즘을 분석하는 것은 어쩌면 유튜브 크리에이터에게는 콘텐츠 성공에 숙명적인 필수과정으로 생각해야 한다. 대표적인 OTT 제공업체의 유형별 AI 추천 서비스를 구분해 보면, 유튜브, NETFLIX, WAVVE,

디즈니 플러스로 나눌 수 있는데, 공통적으로 개인별 맞춤 추천 서비스를 제공하고 있는 것을 볼 수 있다.

구분	가입자 수	콘텐츠 유형	AI 추천 서비스
유튜브	20억(월사용자)	UCG, VOD	개인별 맞춤 추천서비스
NETFLIX	2억4천만	영화, VOD	개인별 맞춤 추천서비스 동영상 압축 서비스
WAVVE	천만명	라이브스트리밍, VOD	개인별 맞춤 추천서비스
디즈니플러스	1억	영화, VOD	개인별 맞춤 추천서비스 스토리텔링 추천서비스
애플TV	3천만명	영화, VOD	개인별 맞춤 추천서비스 애플기기 사용자 중심으로 운영

알고리즘이란, 사전적 의미로 문제 해결을 위해 기계적이고 계산적으로 실행되는 일련의 규칙이나 절차를 말한다. 때론 프로그래밍 명령어의 집합을 의미하기도 한다.(출처: 위키백과)

알고리즘은 다양한 분야에 접목되어 각기 다른 형태의 규칙과 절차를 만들어낸다. 예를 들어 알고리즘에 검색이라는 활동을 접목하면, 많은 양의 데이터에서 어떤 종류의 정보를 검색할지 결정하는 절차의 검색 알고리즘이 된다. 유튜브는 콘텐츠를 맞춤 추천하는 일련의 규칙으로 된 추천 알고리즘을 개발했을 것이다. 플랫폼을 제공하는 유튜브, 광고주 그리고 채널 운영자 3개의 구성 주체에 시청자 활동이 더해지며, 수익구조가 만들어지는 비즈니스 모델링이다. 여기에, 유튜브 고유의 추천 알고리즘이 적용되어 더 많은 시청자가 영상을 통해, 더 많은 광고를 보도록 유도하는 것은 매우 중요한 비즈니스 전술과 전략이다.

이러한 프로세스를 추정해 볼 때, 유튜브는 광고주의 광고가 더 많은 시청자에게 노출될 수 있도록 많은 구독자를 보유하고 있거나, 높은 시청을 끌어내는 영상을 제작하는 유튜브 크리에이터에게 알고리즘 상의 더 많은 노출 기회를 제공할 것이다.

물론, 시청자 역시 정말 엄격하게 자신에게 필요한 영상만 찾아 그것만 보려고 노력한다. 목적을 달성하면 다른 영상을 보지 않으려고 한다. 그러나 유튜브 알고리즘은 이러한 시청자의 패턴이 반복되면 알고리즘은 시청자 피드에 따라붙는 수많은 영상 목록을 차례로 클릭하고 하나씩 노출한다. 이러한 프로세스를 반복해서 시청자가 점점 영상의 바닷속으로 무한정 빠져들게 만든다.

그래서 알고리즘은 사용자가 가장 선호하는 콘텐츠 성향을 파악하게 되었다고 판단한다. 즉, 알고리즘이 지배하는 세상에서 최적화된 콘텐츠는 나의 영상에 충성도가 높은 팬덤을 찾아내는 것이라고 볼 수 있다. 유튜브에서 떡상이 되는 콘텐츠를 만들려면, 보고 또 보고, 또 볼 수밖에 없는 중독성 강한 콘텐츠인지를 유튜브 크리에이터 스스로 판단해야 한다.

3-2
알고리즘 파도타는 기술 5
유튜브 추천 알고리즘을 이해하라 –
시청자는 광고효과가 높은 콘텐츠에만 노출되는 '필터 버블' 고도화 주체

우리는 보통 유튜브를 뉴미디어[3] 혹은 1인 미디어라고 이야기한다. 이 1인 미디어는 소통성, 창의성, 전문성, 유희성, 광고성, 유효성, 시스템 노출이라는 7가지 특성을 보이고 있는데, 레거시 미디어(전통 미디어)[4]와는 소통성, 유효성, 그리고 추

---

3. 뉴미디어(New Media): 추천 알고리즘으로 시청자들에게 맞춤식으로 콘텐츠를 전달하는 플랫폼을 뜻하며, 유튜브, 넷플릭스로 대표되는 동영상 플랫폼, 페이스북과 같은 SNS도 포함한다. 레거시 미디어와 비교해 양방향 소통을 실시간 소통이 가능하게 하는 추천 알고리즘에서 큰 차이를 보인다.

천 시스템 노출에서 1인 미디어와 큰 차이를 보인다. 소통성은 시청자와 지속적인 소통을 해야 하는 쌍방향성을 의미한다. 유효성은 레거시 미디어와 달리 시청자의 광고 클릭에 대해서 유효성을 부여한다는 것이며, 이 유효성을 기반으로 추천 알고리즘에 의해서 노출 영상이 결정된다는 점이다. 여기서 우리는 유튜브의 추천 알고리즘이 어떠한 메커니즘으로 작동하는지에 대해서 알아볼 필요가 있다.

유튜브 추천 시스템은 두 개의 신경망으로 구성되는데, 추천 후보 생성 모델과 순위 평가 모델이다. 추천 후보 생성 모델은, 시청자 선호도 파악 정보인 사용자 동영상 ID, 검색 키워드, 시청자 위치, 나이, 성별과 사용자 유튜브 콘텐츠 시청 이력 등을 분류하여 시청자가 선호하는 콘텐츠 카테고리 트렌드를 파악하여, 심층 신경망(Deep Learning)에 연동시킨다. 이렇게 연동된 정보를 기반으로 한 콘텐츠 추천 모델 시스템은, 시청자의 콘텐츠 선호도 패턴과 유사한, 수백만 개의 기존 업로드 동영상을 파악한다. 다음 단계로 잠재 시청자에게 일부를 노출한 후, 시

---

4. 래거시 미디어(Legacy Media): 신문, 잡지, 방송같은 전통 미디어를 뜻하며, 일방 전달식으로 시청자 혹은 구독자와의 소통이 원활하지 않은 미디어를 뜻한다.

청자 콘텐츠 선호 패턴을 파악한 다음, 잠재 시청자가 선택할 가능성이 존재하는 몇백 개의 비디오를 선별하고, 가장 시청할 가능성이 큰 영상부터 순서대로 추천하는 시스템이다.

순위 평가 모델은, 대상 동영상과 시청자가 시청 가능성이 높은 수백 개의 동영상 후보 중, 가장 높은 선택률과 시청할 가능성이 클 동영상 몇 개를 선별하여 추천하는 시스템이다. 만약 순위 평가 모델이 제시한 추천 비디오를 시청자가 선택하지 않으면, 후속 추천 리스트에서는 특정 추천 비디오를 배제하며, 대신 그 다음 순위의 비디오를 추천 리스트로 표시한다.

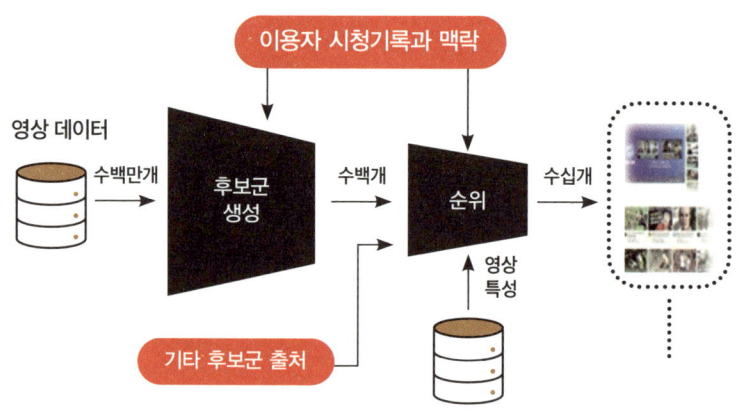

<유튜브 추천 시스템>

출처: PaulCovington(2016)/저자 재구성

여기서 중요한 점은 유튜브 크리에이터가 시청자의 선호도와 관련 없는 영상을 지속 반복적으로 제작하는 경우, 이 채널은 유튜브 추천 시스템에서 배제되게 된다. 이 유튜브 추천 시스템은 시청자의 조회 수가 아닌, 비디오 표시 당 시청자의 노출 클릭률을 기준으로 맞춘다. 순위 평가 기준으로 삼는 이유는 광고주가 요청한 광고효과를 극대화하면서, 시청자가 최대한 많은 시간 동안 광고를 볼 수 있는 콘텐츠를 선정하기 위해서다. 즉, 광고효과가 극대화되지 않은 콘텐츠는 알고리즘 노출을 축소하므로 결국, 시청자는 광고효과가 높은 콘텐츠에만 노출될 수밖에 없다. 이런 현상을 '필터 버블 현상'이라고 한다.

필터 버블이란

필터 버블(Filter Bubble)이라는 용어는 시민단체 무브온 이사장 일라이 파리저(Pariser, 2011)의 '생각 조종자들(The Filter bubble)'에서 '필터라는 플랫폼 기업이 사용하는 추천 알고리즘으로 개인의 성향을 파악하여 그 성향에 맞는 콘텐츠를 블록화시키는 것'이라고 정의했다. 겐타로 도야마(Toyama, 2015/2016)는 "기술은 그 자체로 인간의 성향을 바꾸지는 못한다. 인간의 성향을 증

폭시킨다."라는 의미로 광고 클릭률에 최적화된 콘텐츠를 시청할 수 있는 팬덤을 모아 블록화시킬 수 있는 능력을 추천 알고리즘이 가지고 있음을 이야기했다.

어떤 데이터 분석가는 필터 버블(Filter Bubble)이란, "추천 알고리즘에 의해 생기는 정보의 편식 현상으로, 추천 알고리즘이 이용자가 좋아할 만한 정보만 제한적으로 제공하면서 이용자는 자신이 선호하는 정보를 더욱 용이하게 선택하게 되고 그 결과 자신의 문화적 또는 이념적 거품(bubble)에 갇히는 현상"이라고 정의했다.

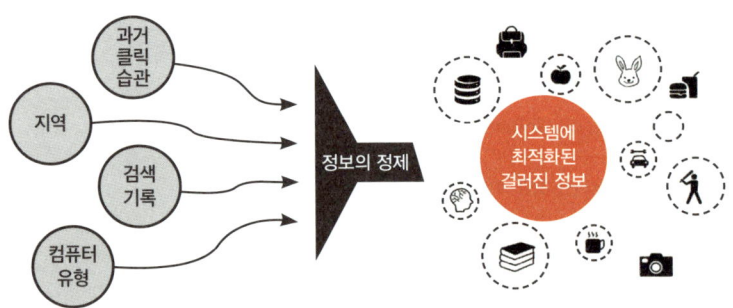

<필터 버블 이해도>

또한, 유튜브 광고 전문가는 시청자는 일반적으로는 100만 조회 수를 100만 명이 시청한 것으로 인식하고 있지만, 실제로는 한 시청자가 여러 번 영상을 보는 '중복 시청'이 존재한다라고 이야기 한다. 실제로 광고계에서는, 유튜브의 중복 조회(시청) 평균치는 1.2~1.5회 정도로 보고 있다. 이 수치를 대입해 보면, 100만 조회 수 영상의 순 시청자는 중복 시청분을 뺄 경우, 약 72만~83만 명 정도 될 것으로 추정한다. 이것은 유튜브 알고리즘의 정교한 팬덤을 블록화시키는 필터 버블 현상이 나타나는 것으로 파악할 수 있다.

결론적으로 유튜브나 넷플릭스 같은 추천 알고리즘은, 광고효과나 시청자 성향에 가장 잘 맞는 콘텐츠를 파악하고 있으며, 팬덤을 블록화하는데 극대화되어 있다. 이러한 필터 버블 현상이 가장 잘 작동한 결과로, 유튜브의 100만 이상의 '떡상' 영상과 넷플릭스의 '오징어 게임'이 이와 같은 성공 사례로 볼 수 있다. 다음은 '오징어 게임'의 떡상을 끌어낸 넷플릭스의 추천 시스템 구성도이며, 유튜브와 넷플릭스의 알고리즘 비교표이다.

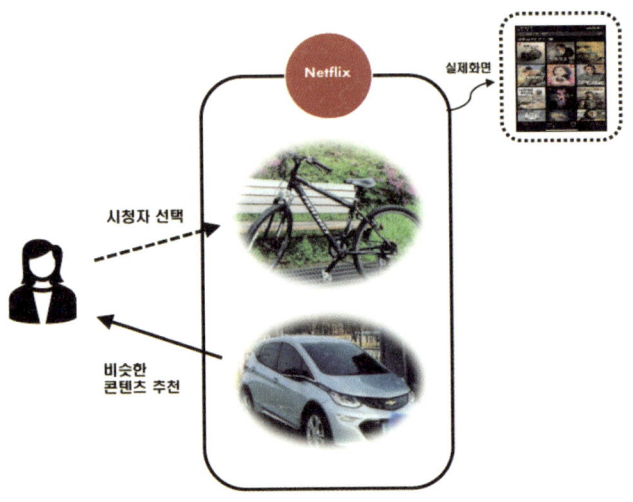

<넷플릭스 콘텐츠 기반 필터링 구성도>

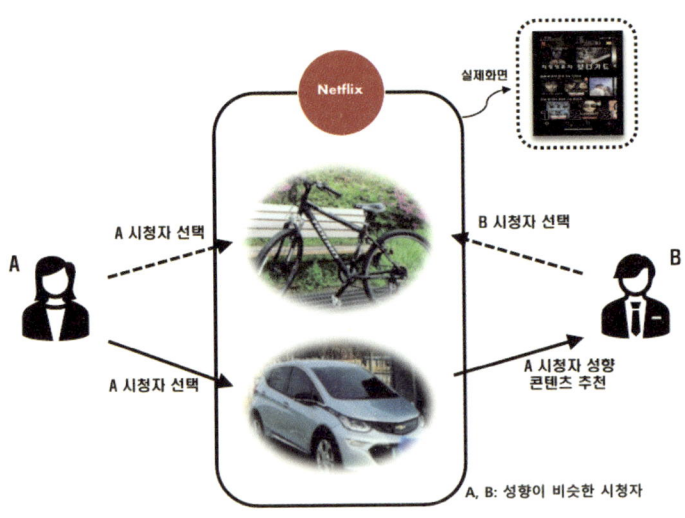

<넷플릭스 협업 필터링 구성>

<유튜브와 넷플릭스 추천 알고리즘 비교표>

구분	콘텐츠추천	가입자추천	시청자 선택비율	콘텐츠수
유튜브	추천후보 생성모델	순위평가모델	90프로 내외	500시간 (1분당)
NETFLIX	내용기반 필터링	협업필터링	76프로 내외	4380(한국)

3-3
알고리즘 파도타는 기술 6
4-7-30 법칙을 기억하라
(업로드 후 골든타임 4시간, 노출 클릭률 7%, 영상 평균 시청 길이 30%)

저자가 "콘텐츠 제작자도 데이터 분석을 반드시 해야 한다."라고 주장할때마다 듣게되는 질문이 "코딩도 못하는데 데이터 분석 가능한가요?"라는 내용이다. 알고리즘이란, 어떤 규칙적인 절차나 방법이라고 앞에서 말했다. 컴퓨터상에서는 당연히 특정 프로그래밍 언어로 짜인다. C++, 파이썬 등 프로그래밍 언어뿐만이 아니라, 데이터 분석 툴 하나도 모르는데 알고리즘을 어떻게 분석하라는 건지 질문하는 것은 당연하다.

"대체 무엇을 분석하라는 거야?"라고 의아해하시는 분도 계실 것이다. 저자가 말하는 알고리즘 분석은 짜인 프로그래밍, 컴퓨터 언어적인 로직을 분석하라는 말이 아니다. 알고리즘이라는 단어는 꼭 컴퓨터상에서만 사용되는 단어가 아님을 이해하면 되겠다. 그러므로 우리는 추천 알고리즘의 메커니즘을 이해하고 잘 활용하면 된다. 유튜브는 영상마다 데이터 결과를 잘 정리해 둔 곳이 있는데, 바로 유튜브 스튜디오이다. 일단, 유튜브 스튜디오에서 다음 항목을 잘 이해하기 바란다.

측정항목 분류	항목 설명
노출수	미리보기 이미지가 등록된 노출을 통해 유튜브에서 시청자에게 표시된 횟수
노출 클릭률	썸네일이 표시된 후 동영상을 시청한 빈도
조회수	채널 또는 동영상의 정상적으로 조회한 횟수
노출 발생 조회수	선택한 기간 동안 노출에 의해 발생한 조회수
탐색기능	홈페이지, 홈 화면, 구독 피드, 기타 탐색 기능에서 발생한 트래픽
추천동영상	추천에서 발생한 조회수. 추천은 다른 동영상과 함께 표시 혹은 다른 동영상이 재생된 후에 표시

이러한 유튜브 스튜디오의 항목별 데이터를 이해한 후, 다음에 나오는 유튜브 추천 시스템 추정 모형도의 작동원리를 파악해 보자.

유튜브 추천 알고리즘의 노출 확대 여부는 각 동영상마다 다르겠지만, 대략 노출 클릭률이 7%는 유지해야 다음 카테고리 시청자에게 영상을 노출한다. 예를 들어 호랑이 콘텐츠에서 초반 2~4시간의 노출 클릭률이 7% 선이면, 그 다음 비슷한 영역인 고양이 콘텐츠 시청자에게 노출된다. 그런 후에도 지속해서 노출 클릭률과 일정 평균 시청 시간이 유지된다면, 그 다음 관련 카테고리인 동물 전체 시청자에게 추천되며, 동시에 동물과 사람과 상호작용이 되는 콘텐츠 시청자에게도 노출된다. 그런 후에도 반응이 좋으면, 동물과 관련된 애니메이션, 영화 시청자, 그리고 그와 관련된 기타 콘텐츠에 접속한 기록이 있는 시청자에게 이 호랑이 영상은 노출될 것이다. 즉, 동물과 관련된 뉴스를 한 번이라도 시청한 이력이 있는 시청자에게는 이 호랑이 영상이 노출된다.

여기서 중요한 부분은 유튜브 스튜디오에서 공개하지는 않지만, 얼마나 시청자가 광고를 클릭하고 시청해 주느냐가 매우

<추천 확대 메커니즘(동물) 예시>

중요하다. 이러한 광고 클릭률과 평균 시청 시간, 노출 클릭률, 공유 수와 콜라보를 이루어야 한다. 이러한 콜라보가 이루어진 영상은 떡상이 가능하다. 그렇지 못한 영상은 점점 노출 횟수가 줄어들어서, 결국 평균 조회 수 이하로 노출이 나타난다. 이러한 유튜브 스튜디오 기반 데이터를 읽어내고 분석하여, 자신의 콘텐츠 노출 횟수를 업그레이드할 수 있는 것이 콘텐츠 제작자의 데이터 리터러시(Data Literacy)[5] 능력이다. 즉, 데이터를 읽

---

5. 데이터 리터러시(Data Literacy): '데이터'와 '리터러시'의 합성어로 '데이터를 파악, 분석하여 비판적으로 활용할 수 있는 능력'을 뜻한다. 유튜브 크리에이터는 유튜브 스튜디오에서 제공하는 데이터를 파악하여 시청자들이 원하는 콘텐츠를 제작할 수 있는 역량을 갖추어야 한다.

고 그 안에 숨겨진 의미를 파악하는 데이터 해독 능력을 말한다. 영상 제작과 편집도 중요하지만, 이러한 데이터 분석 및 해석 능력을 기를 수 있는 노력도 중요하다는 것을 인식해야 한다.

아래에 나온 유튜브 추천 시스템 추정 모형도는 저자가 운영하는 타이거럽, 판다럽, 비지트 채널에 업로드된 617개 영상 데이터 분석을 토대로 완성하였다. 노출되었다고 판단되는 조회 수 10만 이상의 영상 약 30여 개와 1천 이하의 영상 평균 노출 클릭률, 총 노출 수, 시청 지속률(시청평균시간)을 파악해서 비교한 결과로 도출했다.

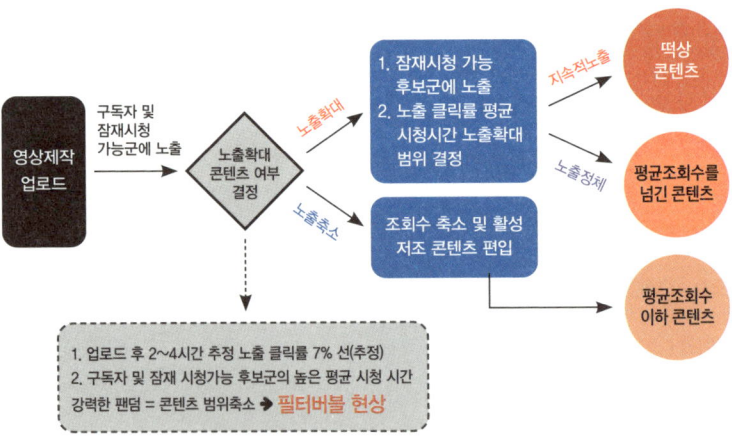

<유튜브 추천 시스템 추정 모형도>

특히, 비지트 채널의 경우, 한동안 강력한 팬덤을 가진 호랑이와 판다 콘텐츠를 다루었는데, 판다의 경우 노출 클릭률이 7~9.6%로 상당히 높게 나온 반면, OTT, 미래전략, 학교 소개, 드론 등을 다루는 콘텐츠 경우 0.7%~3.3%, 평균 시청 시간은 30초에서 1분 30초 정도로 나타났다. 조회 수는 물론 1천 이하가 대부분이다. 영상을 제작해서 업로드한 이후 4시간까지 노출 클릭률 7%, 평균 시청 시간이 전체 길이의 40% 전후면 노출을 확대해, 추천 알고리즘이 미리 선정한 다음 노출 카테고리 시청자에게 영상을 노출한다. 거기서도 노출 클릭률 7%와 평균 시청 시간이 유지된다면, 계속해서 다음 단계 영상으로 노출하지만, 노출 클릭률과 평균 시청 시간이 하락할 경우, 노출 알고리즘의 작동은 서서히 축소된다.

구분	노출클릭률	평균시청시간
비지트	0.7%~3.3%	30초~1분30초
판다 콘텐츠(비지트내)	7%~9.6%	2분~3분30초

예를 들어, 팬덤이 소수에 불과한 대학 강의, 일반 강의 콘

텐츠 영상을 보면, 조회 수가 많이 나와야 몇천 내외일 것이다. 하지만, 대학 강의에 '국뽕'이라는 키워드를 같이 본다면, 조회 수가 엄청나게 확대되는 것을 알 수 있다. 그만큼 '국뽕'이라는 팬덤은 조회 수, 시청 시간 노출 클릭률에 엄청난 영향을 주는 요소라는 것을 알 수 있다.

결국, 이 모형도는 팬덤의 유무에 따라서 콘텐츠가 앞으로 유사한 카테고리에 떡상이냐 폭망이냐가 결정되는 과정을 보여주고 있다.

다음 썸네일은 '중년 놀이터 Midlife TV' 채널에서 발행한 영상 중 하나이다.

출처: 유튜브 채널 '중년 놀이터 Midlife TV'

2021년 11월 말 기준 구독자 7,000명인데, 최고의 떡상 영상 조회 수는 22만이다. 구독자 대비 떡상 영상의 조회 수는 30배에 달한다. 그런데 이 채널의 다른 콘텐츠 소재는 이 정도 조회 수가 노출되지는 않는다. 화목난로 혹은 난로라는 '팬덤'이 구성되어 있어서 이 영상의 떡상 노출이 가능한 것으로 보인다. 이 영상은 처음에 난로나 화목난로로 시청자에게 노출되었다가 캠핑을 주로 시청하는 팬덤에까지 노출되었을 것이다. 만약 여기서, 노출 클릭률, 평균 시청 시간, 광고 클릭률이 높았다면, 캠핑카, 캠핑을 선호하는 반려동물 시청자에게 노출되어, 더 많은 떡상이 가능했을 것이다. 이렇듯 유튜브 크리에이터가 유튜브 추천 시스템 메커니즘을 잘 이해한다면, 떡상 영상의 제작이 더욱 용이해질 것이다.

3-4
알고리즘 파도타는 기술 7

썸네일을 움직여라 –
3개 이상 만들되, 노출 클릭률이 현저히 떨어질 경우 2시간내에 썸네일 교체

썸네일과 제목은, 추천 알고리즘에 의해서 시청자에게 노출되었을 때, 클릭을 유도하는데 가장 큰 역할을 담당한다. 특히, 썸네일과 제목 중 썸네일이 단연코 더 큰 영향을 미친다. 텍스트보다는 시각적인 그림 위주로 빠르게 영향을 미치는 것이 썸네일이기 때문이다. 썸네일은 다양한 역할을 한다. 영상 속의 내용을 알 수 있도록 총 집약해 놓기도 하고, 킬포를 나타내는 장면일 수도 있다. 전체 내용을 담지 못하더라도 킬포로 사람들의 눈길을 끌 수도 있고, 전체 내용을 간략하게 표현함으로써 관심을 끌 수도 있다. 내용과는 전혀 상관없이 썸네일을 구성할 경우 '낚는다(클릭베이트)'라는 표현으로 시청자의 눈살을 찌푸리게도 한다.

그런데 이 썸네일은 참 마법 같은 것이다. 영상이라는 것이 일단, 클릭하기 전까지는 영상 속 내용을 볼 수도 없고, 어떤 내용인지도 알 수 없다. 퀄러티가 좋은지, 편집이 잘 되었는지, 화질이 좋은지도 모른다. 그런데 사람들의 눈길을 끄는 썸네일은 노출 클릭률을 높일 수 있는 마법 같은 것, 그것이 썸네일의 힘이다. 그러나 이미 앞 장에서 언급했지만, 내용과 상관없는 낚시형 썸네일을 지속해서 사용할 경우는 추천 알고리즘에 좋은 영향을 미치지 못함에 주의해야 한다.

더 자세히 설명하자면, 유튜브 크리에이터가 조회 수를 올리기 위해 썸네일이나 제목을 자극적으로 해서 낚는다는 말로 비방을 받는 경우가 있다. 당연히 조회수가 많이 나오면 좋겠지만, 그러한 낚시형 썸네일과 제목으로 낚시형 영상을 지속해서 올린다면, 유튜브 알고리즘뿐만이 아니라 구독자로부터 배척당하게 된다. 절대로 잊지 마시라. 유튜브의 알고리즘은 시청자의 댓글 반응까지 모두 파악해 낼 수 있도록, 정교화되고 고도화되어 가고 있다.

이러한 알고리즘의 고도화를 파악하기 위해, 저자는 원고를 준비하면서 썸네일에 따라 달라지는 조회 수를 비교해보는 테스트를 진행해 보았다.(단, 발행 시간과 시청자의 시청 가능한 시간 등에 대한 변수는 제외한다. 발행은 대다수의 시청자가 시청하는 시간대를 골랐다)

첫 시도는 원래 의도했던 것과는 조금 다르게 사진과 글자를 넣어 표현해 보았고 두 번째는 애초에 생각했던 킬링 포인트(킬포) 장면과 핵심 내용을 넣어 바꿔 보았다. 이러한 썸네일 변화를 다음 유튜브 스튜디오 데이터에서 자세하게 잘 나타나고 있다.

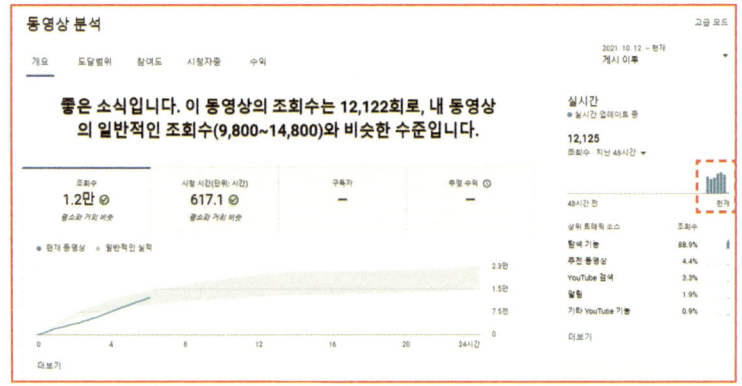

<변경 후 달라진 조회수>

출처: 타이거럽 스튜디오

썸네일 변경은 영상 발행 후 2시간 즈음에 진행했는데, 조회 수의 차이가 확연히 나타났다. 타이거럽의 경우 시간당 조회수가 1천을 못 넘길 경우 폭망으로 간주한다. 처음 만들었던 썸네일은 조회수가 7백대에서 머물렀고 썸네일을 바꾸기 전까지 2천을 넘기기 힘들었다. 하지만, 썸네일을 바꾸고 4시간 가량되었을 때 초회수가 7천을 넘었다. 즉, 썸네일을 바꾸자 2배 이상의 조회수 증가가 나타났다. 썸네일은 노출 시 클릭률과 직결되는 가장 중요한 요소가 된다. 클릭하고 싶어 할 정도로 궁금증을 유발하는 것이 핵심이다. 또한, 처음 썸네일을 만든 후 썸네일을 바꿔야 하는 시점을 2시간 내로 보고 있다. 그 이유는 4시간 정도 노출 클릭률에 의해서 알고리즘의 확산 여부가 결정이 나는 골든타임이기 때문이다. 만약 썸네일을 변경한다면, 유튜브 크리에이터는 댓글 속에서 나타난 시청 반응을 잘 보는 것도 매우 도움이 된다. 똑같은 영상이지만, 유튜브 크리에이터가 바라보는 시점과 시청자가 바라보는 시점이 다를 수 있다. 시청자 댓글을 통해 영상 중 어떤 부분에 중점을 두고 있고, 어떤 부분에 감동하며, 킬포로 인지하는지 등에 대해서 파악한 후, 재빠르게 썸네일을 바꾼다면 노출 클릭률을 높여 조회 수를 끌어올릴 수 있다.

실제로 저자가 운영하는 판다럽 채널 시청자를 대상으로 썸네일, 제목 등의 관련성에 대해서 설문조사를 진행했다. 그 결과는 다음과 같다.

질문: 영상이 추천되었을 경우, 클릭을 유도하는데 가장 큰 영향 요소가 어떤 요소인가요?

> 판다럽 Panda Love 3개월 전
> [도움요청] 판럽은 현재, OTT 유튜브 관련한 원고 작성 중에 있습니다. 원고의 한 부분에 시청자분들의 실제 의견 데이터가 첨부되면 좋을거 같아서 간단한 설문조사를 부탁드리고자 합니다.
>
> 질문은 아래와 같습니다.
>
> *질문: 영상이 추천되었을 경우, 클릭을 유도하는데 가장 큰 영향 요소가 어떤 요소인지요?
>
> 즉, 추천 영상이 떴을 경우, 어떤 부분을 보고 클릭을 하시는지가 질문이 되겠습니다 ^^
>
> 늘 판럽을 응원해 주셔서 감사드리고 설문조사에 참가해 주셔서 고맙습니다 :-)
> 간략히 보기
> 859명 투표
>
> - 1. 썸네일의 사진   56%
> - 2. 썸네일의 글자 7%
> - 3. 영상의 제목 10%
> - 4. 1~3번 모두   26%

총 859명이 조사에 참여한 결과 썸네일 사진을 보고 영상 시청 여부를 결정한다는 비율이 56%, 사진뿐만 아니라, 글자, 제목 등을 보고 결정한다는 비율이 17%로 나왔다. 즉 썸네일을 보고 영상을 클릭하는 비율이 거의 80%에 달하는 것을 볼 때, 썸네일이 떡상 영상 선정의 '제1 법칙'인 것은 불변의 진리라고 볼 수 있다. 이제 추천 알고리즘은 썸네일 판정 데이터를 축적하여, 어떠한 썸네일이 시청자 노출 클릭률에 영향을 미치는지 잘 파악하고 있는 것으로 보인다.

한국언론진흥재단이 펴낸 '유튜브 추천 알고리즘과 저널리즘' 보고서에서 언급한, 내 동영상이 알고리즘의 선택을 받는데 필요한 5요소는 다음과 같다고 말하고 있다.

첫째, 직접 제작한 썸네일이 시청자들에게 호소력을 갖게된다. 영상을 업로드하면 유튜브가 직접 3개를 미리 썸네일을 지정해 주는데, 그것보다는 직접 킬포를 찾아서 만드는 것이 좋다. 둘째, 제목과 설명문이 겹쳐야 최적화에 유리하다. 이 부분은 제목과 설명문에 주제가 같아야 한다는 것을 의미한다. 여기서 썸네일과 제목 그리고 설명까지 같다면 금상첨화가 될 것이다. 물론 영상과의 일치는 말할 것도 없다. 셋째, 채널의 첫 영상은 안내 영상으로, 1~3분 정도 분량이 좋다. 넷째, 태그는

토픽과 관련 있는 인기 키워드로, 최대 10개를 넘기지 않는다. 다섯째, 라이브 경우 종료 후, 하이라이트를 제공해야 한다.

이러한 조건이 얼마나 정확한지 예를 들어 보겠다. 아래 유튜브 스튜디오 데이터는 타이거럽 100만 조회 수를 기록한 호랑이 남매의 생일 데이터이다. 이 영상의 썸네일은 주인공 남매가 같이 나온 데다 소고기 케이크 앞에 소고기를 물고 있는 동생의 예쁜 모습과 그것을 기다리는 오빠의 조합이 좋아서였다. 생일과 소고기 케이크라는 것이 거의 일치하며 또한, 제목에서 주인공인 남매의 엄마 호랑이의 위대함을 나타낼 수 있는 제목으로 모성애를 부각시키는데 노력을 했다. 이런 조합이 시청자의 호기심과 생일에 대한 기대감을 끌어낼 것으로 예상했다.

이 영상은 처음에는 유튜브 추천 알고리즘 선택을 받지 못하고, 7만 정도에서 머물다가 영상 업로드 후 53일째부터 갑작스럽게 10일 정도 추천 알고리즘의 노출이 일차적으로 나타났다. 그 후, 소강상태였다가 그 이후 두 번에 걸쳐서 알고리즘에 노출되어 100만 떡상으로 이어졌다. 저자가 추측하기로는 그 당시에 이 남매의 생일에 대한 어떠한 이슈가 존재했을 것이다.

그래서, 유튜브 추천알고리즘은 이 남매의 생일에 대한 타이거럽 썸네일에 대한 많은 시청자들이 호의적인 반응을 보이는 것으로 인식했고 이러한 데이터를 바탕으로 동일내용을 다루는 타 채널의 영상 보다는 타이거럽 남매 생일을 집중적으로 다양한 카테고리의 시청자들에게 추천 노출시켰을 것으로 추정된다. 그만큼 썸네일은 시청자의 영상 선택뿐만 아니라, 유튜브 추천 알고리즘의 노출 선택요소의 1 순위이다. 이를 인식하고 썸네일의 완성도를 높이는데 최선을 다해야 한다.

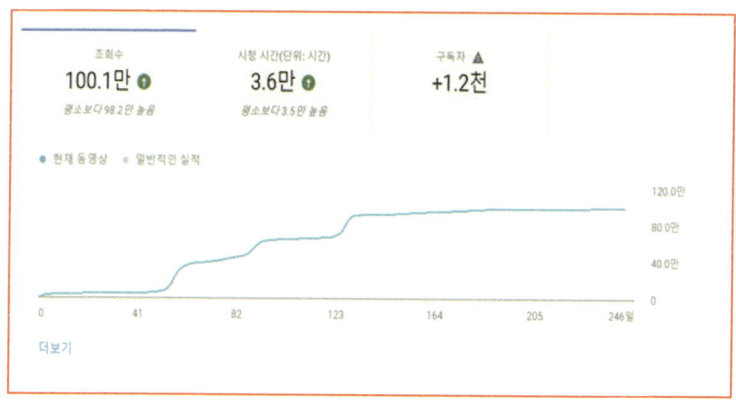

<생일 영상 조회수 변화 그래프>

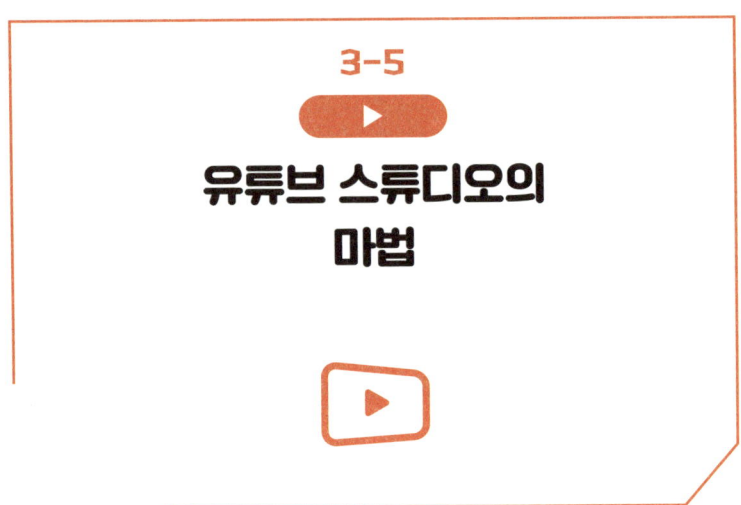

3-5 유튜브 스튜디오의 마법

　　　　　유튜브는 방대한 데이터를 분석해 유튜브 크리에이터에게 제공한다. 요즘 기업에서 데이터를 수집하고 분석하려고 데이터 분석가를 고용하는 참인데, 데이터 분석가도 필요 없이 매일 유튜브 크리에이터가 올린 영상에 대한 데이터를 분석해서 대시보드에 잘 정리해서 보여주고 있다. 이렇게 잘 정리해 놓은 유튜브 스튜디오 내용을 잘 검토하면 동영상과 채널의 미시적, 거시적인 전략 수립에 도움 될 만한 놀라운 통찰력을 얻을 수 있다. 요일별, 시간대별 등의 시청률을 확인할 수 있다. 주요 시청자의 나이대와 시청 시간대, 즐겨 보는 동영상과 채널까지 다 보여준다. 동영상 자체의 시청 시간, 상승 구간, 하락 구간, 인기 상승 구간 등 매우 디테일한 데이터도 확인할 수 있다. 이러한 모든 것이 잘 분석되어 보기 좋게 시각화되어 있다. 마법 같은 존재이지 않을 수 없다. 해당 정보를 잘 활용하여, 해당 동영상을 수정하거나, 향후 동영상을 업로드할 때, 개선할 수 있는 전술과 전략이 나올 수 있다.

그럼 타이거럽의 유튜브 스튜디오를 가지고 좀 더 부연 설명을 하겠다. 큰 카테고리로는 개요, 도달 범위, 참여도, 시청자층, 그리고 수익으로 나뉘어 있다. 조회 수, 시청 시간, 구독자 수, 추정수익 등을 정리한 화면을 볼 수 있다.

도달 범위에서는 노출 수, 노출 클릭률, 조회 수, 트래픽 소스 유형 등에 대해 자세한 분석이 되어 있다.

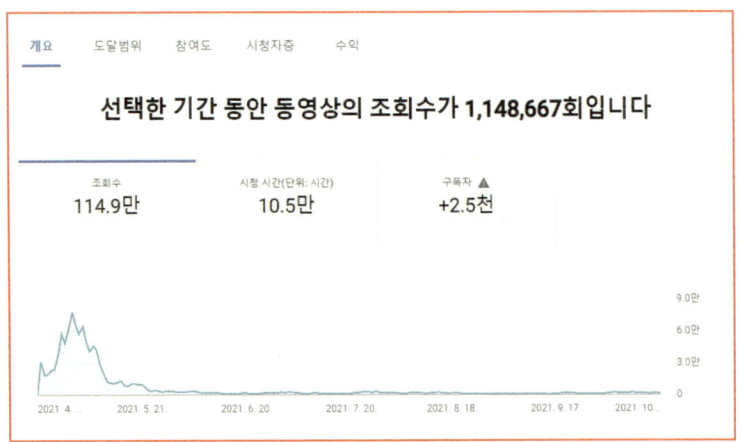

<유튜브 스튜디오 개요>

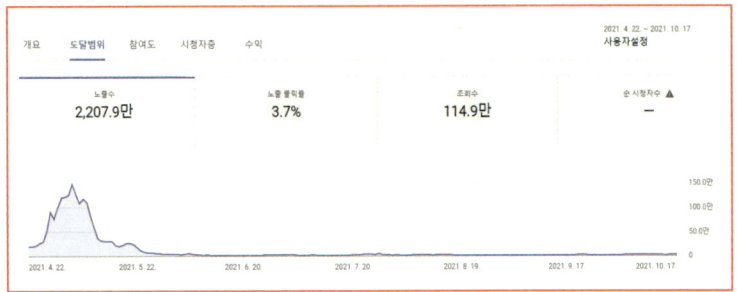

<유튜브 스튜디오 도달범위 개요>

아래에서 언급된 데이터는 타이거럽 115만 조회 수를 가지고 있는 한 떡상 영상의 분석 데이터이다. 총 노출 수 2,207.9만, 노출

클릭률은 82.4만으로 노출 클릭률은 3.7%로 나타났다. 평균 시청 시간은 6분 24초로 나타났다. 노출에서 발생한 시간은 8.8만 시간으로, 10만 5천으로 전체 시청 시간의 85% 정도로 나타났다.

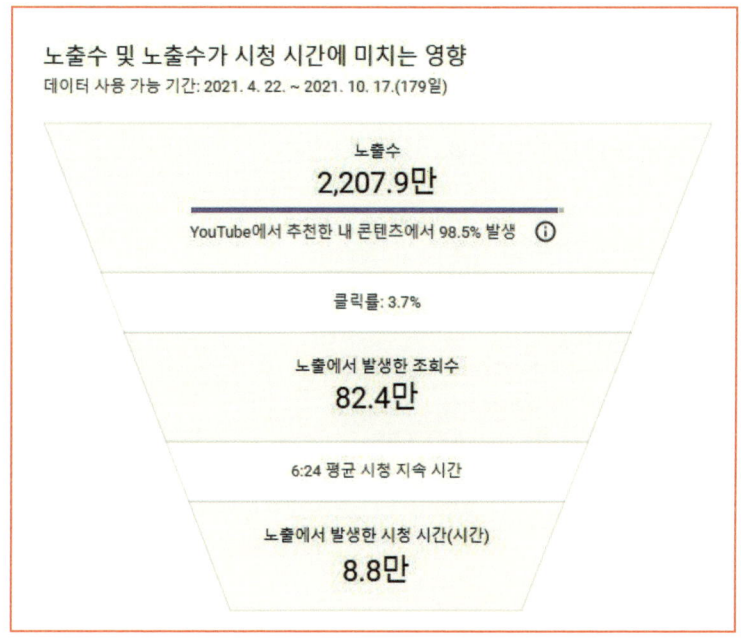

<노출수 및 노출수가 시청 시간에 미치는 영향>

2021년 10월 기준으로 전체 구독자 약 13,600명 중 491명이 알림을 받고 클릭을 하고 있다. 이것은 전체 구독자 중, 3.7%의 구독자만이 전체 알림을 세팅해 놓았다고 볼 수 있다.

평균 알림 클릭률이 10%가 넘어가면 대단히 성공적인 결과로 간주하는데, 7.1%도 적지 않은 성과를 거둔 것으로 판단된다. 알림 클릭으로 발생한 조회 수는 35로 전체 115만이 조회 수 중에서는 매우 작은 요소임을 이 데이터에서는 알려준다.

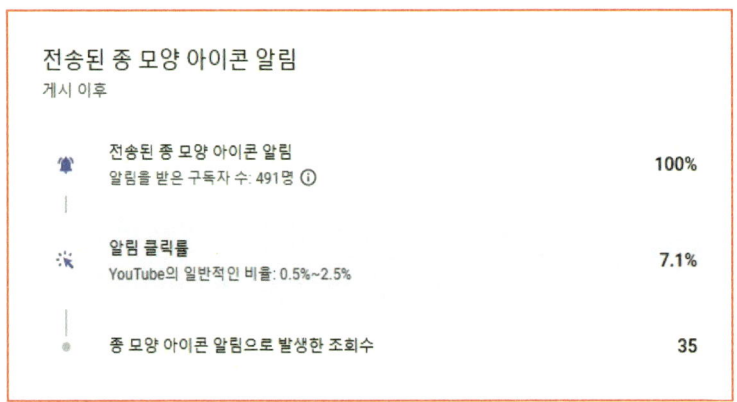

<전송된 종 모양 아이콘 알림>

115만의 조회 수 중, 탐색과 추천 동영상 즉, 유튜브 알고리즘 추천으로 클릭한 비율은 3.7%를 유지하고 있으며, 유튜브 검색으로 클릭한 비율을 5.4%이다. 여기에는 나오지 않지만, 카카오나 밴드 같은 SNS를 통한 링크를 통해서 공유된 클릭 수는 1,108회로 노출 클릭 조회수 중 0.01% 정도로 나타나고 있다.

트래픽 소스	조회수		시청 시간(단위: 시간)		평균 시청 지속 시간	노출수	노출 클릭률
합계	1,149,600		105,528.4		5:30	22,096,425	3.7%
탐색 기능	693,859	60.4%	54,521.9	51.7%	4:42	11,692,516	3.8%
추천 동영상	424,373	36.9%	48,309.9	45.8%	6:49	10,076,076	3.6%
YouTube 검색	9,770	0.9%	769.5	0.7%	4:43	164,054	5.4%
채널 페이지	8,472	0.7%	608.1	0.6%	4:18	147,350	4.5%
기타 YouTube 기능	5,577	0.5%	637.4	0.6%	6:51	–	–
최종 화면	3,302	0.3%	346.4	0.3%	6:17	–	–
직접 입력 또는 알 수 없음	2,428	0.2%	167.5	0.2%	4:08	–	–
외부	1,052	0.1%	77.6	0.1%	4:25	–	–
재생목록	358	0.0%	43.5	0.0%	7:17	9,102	2.1%
알림	226	0.0%	32.4	0.0%	8:35	–	–
재생목록 페이지	181	0.0%	14.1	0.0%	4:40	7,327	2.4%
동영상 카드 및 특수효과	1	0.0%	0.0	0.0%	0:04	–	–
Shorts 피드	1	0.0%	0.0	0.0%	0:11	–	–

< 트래픽 소스 >

이러한 유튜브 스튜디오 데이터는 최초 업로드 후 2~4시간까지 이 영상의 떡상 부분을 파악할 수 있는 매우 중요한 지표이다. 이때 총 조회 수와 구독자 증감에 신경을 쓰는 거 보다는 노출 클릭률, 총 노출 수 그리고 댓글 상황 및 공유 여부를 정밀하게 파악해야 한다.

특히, 이 영상의 경우 업로드된 지 6개월이 지났지만, 아직도 하루 평균 조회 수가 1천 내외를 나타내고 있다. 그리고 평균 시간이 5분 38초로, 다른 영상의 평균 시청 시간보다 훨씬 많아 팬덤의 큰 관심을 끌고 있다.

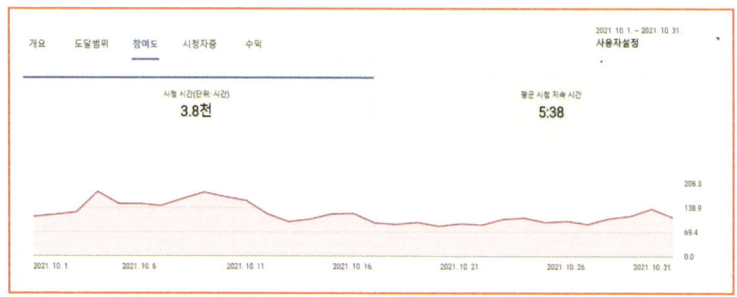

<참여도>

이 데이터를 보면 팬덤의 중요성이 더욱 드러난다. 타이거럽의 10월 한 달 동안 재방문 시청자 수는 11.4만이며, 순 시청자 수는 19.5만이다. 10월 한 달 동안 추천 알고리즘에 노출될 만한 동영상을 만들어 내지 못했다고 볼 수 있지만, 동시에, 시청자가 재방문하는 비율이 지속성을 가지고 늘어났다고 볼 수 있다.

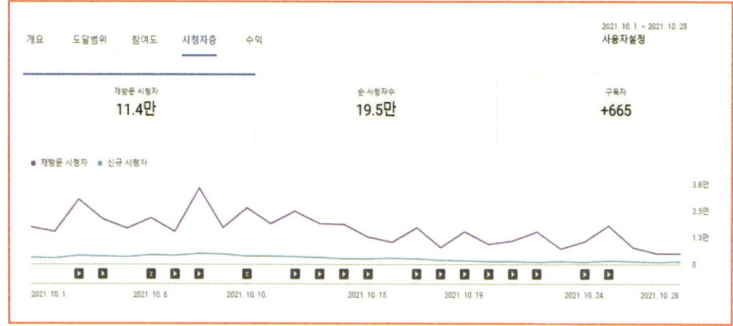

<시청자층>

이렇듯 유튜브 스튜디오의 데이터 이면을 읽어낼 수 있는 능력을 갖추어야, 유튜브 크리에이터로 생존 가능하다는 점을 잊지 말아야 한다. 요즘 MCN 회사가 고전하는 이유도 이런 방대한 데이터를 제공하는, 유튜브 스튜디오의 이면을 개인 유튜브 크리에이터가 점점 잘 읽어내고 있으며 이러한 데이터 분석기반으로 MCN회사의 도움없이 떡상이 가능한 콘텐츠를 자체 제작할 능력을 가속화 시키고 있기 때문으로 추정된다. 즉, 유튜브 스튜디오의 데이터를 읽어낼 수 있는 유튜브 크리에이터들이 많아질수록 주도권은 점점 1인 유튜브 크리에이터들에게 넘어가게 되고, MCN 채널에서 가져갈 몫은 점점 축소될 수 밖에 없을 것으로 전망된다.

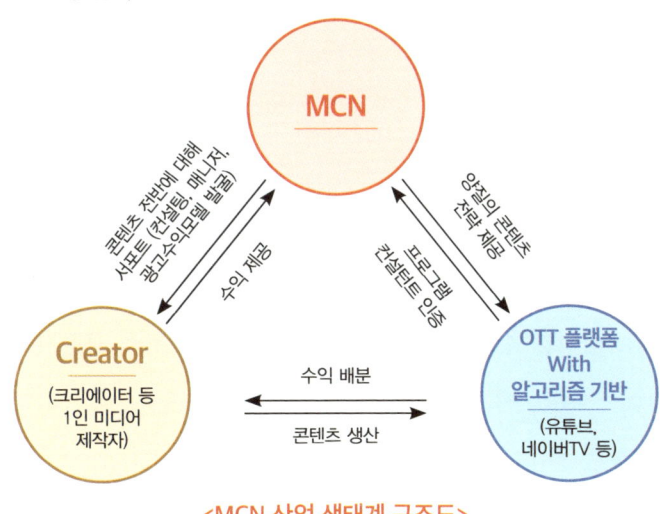

<MCN 산업 생태계 구조도>

이러한 산업구조의 변화는 유튜브에서 메타버스 플랫폼 '로블록스(Roblox)'로도 응용이 가능하게 되었다. 로블록스에서 게임을 설계한 외부 개발자가 받은 수익은 2020년 2억 5,000만달러(대략 3,000억원)에 육박한 것으로 조사됐다. 로블록스에서는 외부 개발자라도 각종 패션 아이템을 제작해 판매하거나, 본인이 만든 게임의 아이템을 판매해 수익을 올릴 수 있다. 또 개발자는 이용자가 결제한 금액의 일정부분을 수익으로 받을 수 있고, 관련 이용자 트래픽이 증가할수록 개발자들은 더 많은 수익을 거두는 시스템이다. '유튜브 크리에이터'라는 새로운 직업을 만든 유튜브가 영상내 트래픽과 방송에서 슈퍼챗, 슈퍼스티커로 수익을 내는 시스템과 거의 유사하다.

실제로 미국 CNBC에 따르면, 지난해 1,200명의 개발자가 로블록스 게임으로 벌어들인 수입은 평균 1만 달러(약 1,200만원)로 나타났다. 이 중에서도 상위 300명은 연간 평균 10 만달러(약 1억 2,000만원)를 벌어들였다. 즉, 유튜브 스튜디오의 데이터를 제대로 해석할 수 있는 유튜브 크리에이터는 게임 개발자와 협업하여 로블록스나 제페토 같은 메타버스 플랫폼에서도 수익을 창출할 수 있는 시대가 열리고 있다.

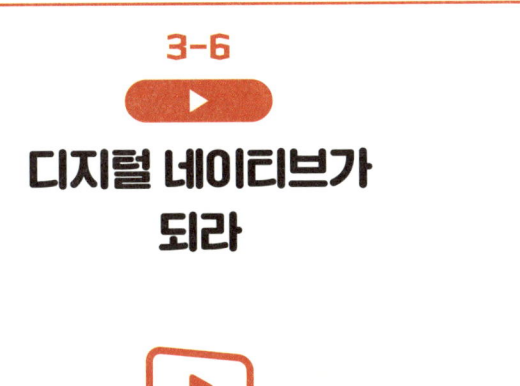

3-6 디지털 네이티브가 되라

저자는 앞에서 언급했지만, 공학박사이자 미래전략가이다. 지금까지 살아온 방향성을 고려해 볼 때 유튜브 크리에이터가 된다는 것을 상상하기가 그리 쉬운 건 아니다. 그래서, 유튜브 크리에이터가 되고자 하는 많은 학생들에게서 가장 많이 받는 질문이 공학박사가 어떻게 유튜브 크리에이터가 될 수 있었는가 하는 것이었다. 저자는 다양한 경험들이 있다. 미국과 영국에 살면서 겪은 셀 수 없는 희로애락과 각국을 다니며 보고 듣고 체득하며 담은 사진과 영상이 있다. 거기다 해외의 탑(TOP) 대학 및 대학원 진로진학 컨설팅을 진행하면서 얻은, 포트폴리오와 영상 작업에 대한 노하우가 존재했다. 하지만, 이 모든 것을 제쳐두고 저자들이 유튜브 크리에이터로서 작은 성공을 할 수 있었던 가장 핵심 요인은 데이터 기반의 디지털 네이티브였기 때문이다.

디지털 네이티브(Digital Native)는 2001년 미래학자인 마크 프렌스키가 도입한 용어로, 데이터 분석 기반으로 콘텐츠 분야를 개척하는 유튜브 크리에이터를 포함한 인재를 디지털 네이티브라고 말했다. 저자는 선천적으로 암기식과 틀에 박힌 사고방식을 좋아하지 않았다. 기존 떡상 유튜브 크리에이터들의 성공 방식을 참고는 하되 따라하지는 않았다. 데이터 기반으로, 시청자들의 댓글 패턴을 분석했고, 유튜브 스튜디오 데이터를 철저히 분석하여 평균 시청 시간을 늘릴 수 있는 스토리가 무엇인지, 시청자들이 지속적으로 관심을 가질만한 이슈가 무엇인지에 대해서 연구를 했다. 채널 활성화를 결정짓는 핵심 요소라 할 수 있는 실시간으로 변하는 시청자들의 이슈 변화에 대한 수치화 이면을 파악해 내는 노력도 아끼지 않았다. 이러한 데이터 분석이 가능했던 이유는 오랫동안 디지털 네이티브라 자부하며 검색과 데이터 분석을 지속적으로 진행할 수 있는 경험과 능력을 키워 왔기 때문이다.

특히, 유튜브 스튜디오의 데이터를 읽어내는 방법에 대해서는 그 어느 누구도 알려주지 않는다. 채널 운영자만이 볼 수 있기에 더욱 그러하다. 저자들이야 데이터 분석이 일상적이기에, 타이거럽 채널 개설 후 유튜브 스튜디오의 고급 데이터 이면을 제대로 읽어내는데 걸린 시간은 한 달도 채 되지 않았다.

아래 유튜브 스튜디오 데이터는 100만 조회수를 기록한 타이거럽 영상 데이터이다. 평균 시청 시간이 2분 11초라면 다른 영상에 비해서, 시청시간이 1분 정도 짧다는 것을 의미한다. 즉, 유튜브 추천 알고리즘에 의해서 더 확산되어 노출 되어진 다른 카테고리 시청자들이 평균 시간 이하로 시청했음을 의미한다. 인기 장면이 2분에서 4분 사이로 나온다는 것은 킬링 포인트가 있을 가능성이 높음과 동시에 이른바 호랑이 찐 팬들이 여러번 반복해서 시청했음을 파악할 수 있다. 평균 조회율이 21.4 프로는 매우 높은 조회율이다. 타이거럽 채널의 평균 조회율의 2.5배에 달한다. 즉, 썸네일이 추천알고리즘에 노출되었을 때, 많은 사람들의 관심을 도출한 것으로 파악할 수 있다.

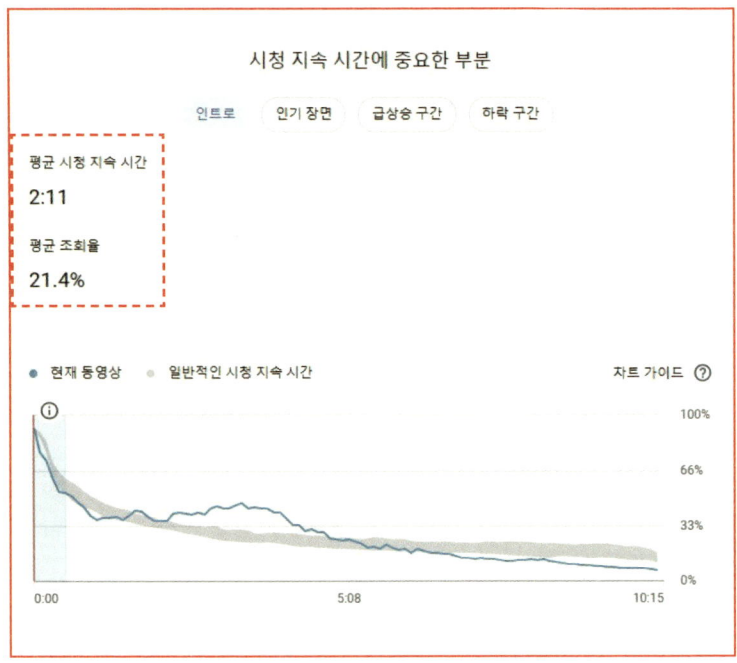

<100만 떡상 영상의 콘텐츠 관심도 데이터>

이러한 데이터 이면을 볼 수 있는 능력은 디지털 네이티브로서 생활할 때만이 계발될 수 있다. 여기서 우리는 다시 한번 AI 추천 알고리즘의 매커니즘 이해의 중요성을 정리할 필요가 있겠다. 시청자들의 시청 선호 콘텐츠 데이터는 유튜브 크리에

이터가 제공하는 콘텐츠에 대해서 평균 시청 시간, 광고시청 충실도, 댓글의 집중도 등에 대한 반응을 유튜브 인공지능 추천 알고리즘이 파악하여 시청자들이 가장 선호할만한 콘텐츠를 집중적으로 노출시켜 준다. 동시에, 유튜브 크리에이터에게 유튜브 스튜디오를 통해서, 시청자들의 콘텐츠 선호 패턴에 대한 데이터를 제공한다. 이러한 원리로 작동되어진 결과들이 유튜브 스튜디오에 상세하게 나와 있는 것이다.

이 메커니즘을 이해하고 유튜브 스튜디오의 데이터 수치 이면의 의미를 읽어낼 수 있는 데이터 리터러시 능력을 겸비한 디지털 네이티브로 성장해야 경쟁력을 갖출 수가 있다.

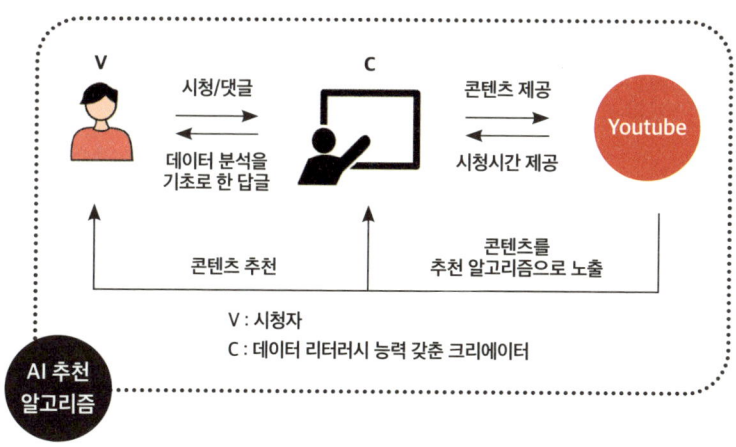

<AI 추천 알고리즘>

다시 한번 강조하자면, 영상 촬영을 멋지게 하고 아무리 멋진 스토리를 전개한다고 하더라도, 시청자들이 선호하는 이슈에 대한 데이터를 읽어내지 못한다면 유튜브 떡상은 요원함을 잊지말자.

Part 4

유튜브 떡상의 비밀:
팬덤의 광고 클릭률을 사수하라

4-1

100만 떡상이 가능한 이유?

유튜브 크리에이터라면 100만 떡상은 누구나 기대하고 있을 것이다. 여기서 떡상이란 무슨 말일까? 떡상이란, '떡칠'을 의미하는 '떡'과 값이나 주가 등이 갑자기 큰 폭으로 오르는 것을 의미하는 '급상승'이 합쳐 만들어진 속어이다. 주식이나 암호화 화폐 시장에 많이 쓰이는 말로 반대말은 떡락이다. 유튜브에서 쓰이는 떡상의 쓰임은, 유튜브 크리에이터가 올린 영상의 조회 수가 급격하게 상승하는 것을 말한다. 즉, 한 번

씩 조회 수가 터지는 영상, 유튜브 알고리즘이 채널에 주는 기회라고도 말한다. 구독자 수보다 훨씬 많은 조회 수가 일어난 케이스를 말하는데, 이러한 현상을 쉬운 말로, 알고리즘을 탔다고 표현하기도 한다. 떡상이 된 영상을 보면 알고리즘이 나를 여기까지 인도했다는 댓글을 자주 볼 수 있다. 떡상은 알고리즘의 원리에 근접했다고 말할 수 있다.

세계 최고의 유튜브 조회 수, 95억 뷰를 보여준 어떤 댄스 영상은 지구 전체 인구인 70억을 훨씬 넘는 숫자로, 못해도 전 지구인이 최소 1번은 봤고 4분의 1은 2번은 봤다는 것이다. 이러한 떡상은 평생을 가도 만나지 못할 숫자일 것이다. 그러면, 떡상의 기준은 과연 어느 정도의 조회 수를 말하는 것일까? 구독자 100명일 때 조회 수 1,000은 떡상일 수 있다. 반면에, 구독자가 100만인데 조회 수가 50만이라고 한다면 과연 떡상이라고 할 수 있을까? 구독자보다 훨씬 더 많은 조회 수가 급속도로 증가한다면 떡상이라고 해도 무관하겠다.

타이거럽의 경우 구독자 수가 2021년 11월 말일 자로 약 14,000명인데, 조회 수가 100만이 넘는 떡상 영상은 두 개가 있다. 당시 급격한 떡상이 될 당시는 구독자가 10,000명 정도였다. 두 개의 영상은 전부 특정 호랑이와 연관된 경우이다.

타이거럽의 100만 영상이 되려면 일단 알고리즘은 특정 호랑이를 올렸을 때 채널이 노출될 가능성이 높고, 거기에 당시 이 호랑이에 대한 이슈가 있었기 때문에 노출 클릭률, 평균 시간, 광고 클릭률, 공유 등이 다른 영상에 비해서 높았다고 볼 수가 있다. 실제로 저자가 타이거럽 영상 중 120여 개의 영상 스토리 특성을 분석한 결과를 다음과 같이 정리해 보았다.

순서	분석 결과	의미
1	타이거럽 4대 스토리 카테고리: '가족의 일상', '사람과의 인터렉션', '호랑이와의 토크', '엄마의 사랑'	이 스토리를 제외한 나머지 스토리 카테고리는 조회수의 현격한 차이가 나타남
2	4가지 스토리 카테고리 중 '호랑이와의 토크' 영역이 가장 많은 시청자의 관심 도출	'호랑이와의 토크' 영역이 '타이거럽' 시청자들의 관심을 끌어내는 스토리 영역
3	이번 분석에서 '4개 스토리 카테고리'를 제외한 기타 스토리로는 알고리즘 노출 불가능	'필터버블' 현상으로 콘텐츠 크리에이터의 콘텐츠 편중성 가중

이 분석에서 타이거럽 채널은 '가족의 일상', '사람과의 인

터렉션', '호랑이와의 토크', '엄마의 사랑'이라는 4개 카테고리를 다루었을 때 노출 조회 수와 노출 클릭률이 높았고, 나머지 카테고리는 구독자나 시청자의 관심을 끌어내지 못한 걸로 나타났다. 그러나, 호랑이들의 새로운 장소로의 이동이라는 이슈가 발생한 이후, 이러한 시청자의 관심 카테고리는 '이 호랑이들과 엄마와의 추억'과 '호랑이간의 우정'이 더욱 부각되는 모습을 보여주고 있다.

결국, 유튜브 노출 알고리즘은 시시각각 변하는 시청자의 이슈 관심사를, 실시간으로 파악하여 반응하는 지능형 알고리즘으로 진화하고 있다. 그만큼 오랜기간동안 축적된 시청자의 선호 데이터 및 콘텐츠에 대한 분석 데이터가 매우 정교해지는 것이 분명하다. 이러한 유튜브 노출 알고리즘의 특성을 잘 파악하여, 이슈 발생 시 유튜브 크리에이터는 선제적인 알고리즘 변화 대응 능력을 길러야 한다. 그래서 유튜브 스튜디오는 물론, 시청자의 댓글 크롤링과 데이터 시각화 능력을 갖추는 것은 매우 중요하다. 이러한 데이터 시각화를 통해서 시청자와 유튜브 알고리즘 노출 상관관계의 공통점을 파악하고 선제적으로 영상 콘텐츠에 반영할 수 있는 능력을 기를 때, 100만 이상의 떡상 영상을 지속해서 만들어 낼 수 있는 능력을 갖출 수 있다.

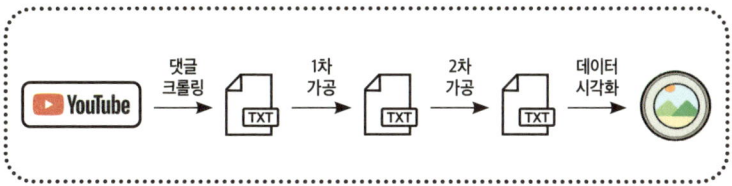

타이거럽 동영상 댓글 크롤링 가공 과정

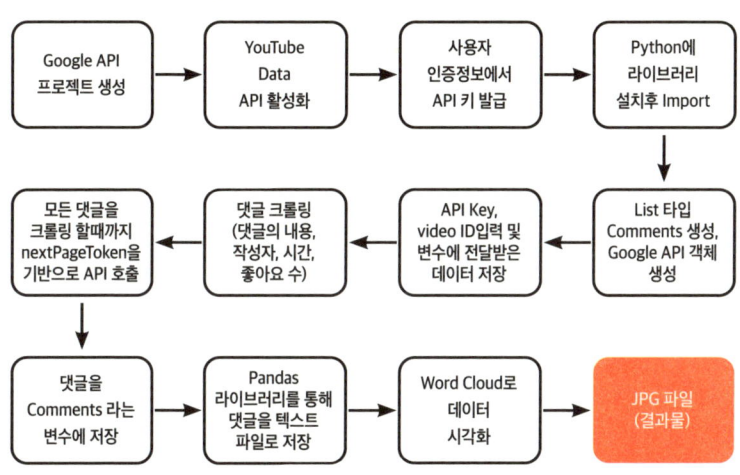

<타이거럽 댓글 크롤링과 데이터 시각화 과정
전체 크롤링 프로세스 흐름도>

4-2
알고리즘 파도타는 기술 8
무효 트래픽을 삼가고 시청자의 공유를 활성화해라

　　2021년 한국의 유튜브 사용 인구가 4,300만 명을 넘어섰다. 1인당 월평균 시청 시간도 30시간을 초과할 정도로 유튜브 시장은 폭발적으로 성장했다. 구독자 10만 명 이상을 확보한 국내 계정만 3,000~4,000개가 훌쩍 넘는 것으로 추정된다.

　　유튜브 광고 클릭률은 유튜브에 공식적으로 발표하지 않아 추정할 뿐이지만, 콘텐츠를 소비하는 사람이 선호할 수 있는 중독성을 가진 콘텐츠를 판별하는 방향으로, 알고리즘이 짜인 것은 분명해 보인다. 유튜브 알고리즘이 노출하는 주요 원리는 크게 5가지라고 추정된다. 제목이나 썸네일이 노출됐을 때, 많은 사람이 클릭하는 노출 클릭률, 그렇게 클릭한 콘텐츠를 길게 봐야 하는 평균 시청 시간, 보고 난 후에 댓글을 달고 '좋아요'를 누르는 시청자 참여율, 마지막으로 얼마나 유튜브 크리에이터와 상관없는 사람에게 공유되는 공유율 등이 있다.

초보 유튜브 크리에이터가 초반에 흔히 저지르는 실수가 있다. 자신이 직접 제작한 영상을, 가족을 포함한 지인에게 그들의 관심사와 흥미와는 상관없이, '구독'과 '좋아요' 혹은 공유를 부탁하는 것이다. 이러한 부탁을 받을 경우 대부분은 영상을 1분 이내로 대충 스킵해서 볼 경우가 많을 것이다. 그로 인해 유튜브가 제공하는 광고를 길게 보지 않게 된다. 혹은, 영상을 받았으니 봐주긴 해야 해서, 그냥 영상만 틀어 놓고 보지 않는 경우이다. 이러한 패턴이 지속되면 유튜브 추천 알고리즘은 그 영상과 채널의 경쟁력은 물론, 진정한 관심사나 흥미에 의한 시청이나 광고 클릭이 아닌 무효 트래픽으로 간주하고, 도리어 채널 노출을 축소하는 페널티를 부과하는 경우가 발생할 수 있다.

유튜브는 200개 이상의 정교한 필터를 사용하여, 대부분의 무효 트래픽을 실시간 또는 그 직후에 차단한다. 최첨단 기술과 꾸준한 데이터 흐름이 결합하여 시간이 지남에 따라 필터가 더욱 정교해진다. 이 필터는 지속적으로 콘텐츠를 모니터링하고 업데이트하여 최고의 효율성으로 실행되는지를 크로스체크하는 것으로 알려져 있다. 다음은 유튜브에서 어떤 기술을 활용하여 무효 트래픽을 파악하는지 유튜브 영문 홈페이지 내용을 정리한 것이다.

무효 트래픽을 삼가라

O 실시간 필터링: 무효 트래픽이 발생하기 전에 차단하는 데 중점을 둔다. 정교한 필터링은 처음부터 대부분의 무효 트래픽을 차단한다. 예를 들어 이전부터 무효 트래픽을 발생시키는 것으로 추정되는, 사용자 혹은 IP 주소와 연결되어 있거나 비정상적으로 높은 클릭률이나 단일 사용자의 트래픽이 있는 경우 필터가 이를 포착해낸다. 즉, 반복적 단일 IP를 이용하여 광고를 클릭하거나 사전에 자주 이러한 트래픽을 유발하는 사람이 이

콘텐츠를 클릭했을 경우 유튜브는 무효 트래픽으로 간주한다.

⭕ 초근접 실시간 필터링:

실시간 필터링이 감지하지 못한 확인된 불량 트래픽을 차후에 배제한다. 일부 무효 트래픽은 감지하는 데 많은 시간이 걸린다. 실시간 필터링을 통과했지만, 여전히 의심스러운 트래픽일 경우 유효 트래픽으로 검증될 때까지 트래픽 데이터를 모니터링한다. 경우에 따라 의심스러운 패턴을 인식하는 데 최대 몇 주가 소요될 수 있다. 만약 의심스러운 패턴으로 파악되면 유효 클릭수에서 배제한다.

⭕ 수동 무효 트래픽 필터링:

완벽한 필터링은 없기 때문에 광고주, 게시자 및 자동화 시스템에서 신고한 문제도 수동으로 검토한다. 봇넷이나 크롤러와 같은 새로운 위협을 발견할 때마다 해당 정보를 사용하여 필터링을 정교하게 다듬는다. 필터가 의심스러운 트래픽을 식별하지만, 잘못된 트래픽인지 확신할 수 없는 경우, 자동화 시스템에서 이상 징후를 표시하고 며칠에서 몇 주 동안 데이터를 수집한다. 그러면 실시간 무효 트래픽

검토팀이 데이터를 분석하고 수행할 작업을 결정할 수 있다. 그런 다음 사용자가 광고와 상호작용하는 방식을 살펴보고, 상호작용이 의도적인지 우발적인지 파악하고 매크로나 프로그램을 사용한 트래픽을 정상적인 활동과 분리한다. 그런 다음 특정 소스에서 잘못된 트래픽을 파악할 수 있는 패턴을 찾는다.

○ 조사 및 봇넷 사전 파악:
리서치를 통해서 봇넷 프로그램에서 시작되는 무효 트래픽 활동으로부터 광고주를 보호한다. 유튜브의 광고 트래픽 품질팀은 트래픽 데이터를 조사하여, 사람이 아닌 트래픽의 소스를 찾아낸다.

○ 최악의 경우 계정 정지 혹은 폭파:
그 채널의 모든 소스에서 무효 활동을 중지시킨다. 때때로 광고주와 사용자를 보호하는 가장 좋은 방법은 부정행위를 했다고 의심이 되는 유튜브 크리에이터의 채널 계정을 일시 중지하거나 비활성화하는 것이다. 유튜브 크리에이터가 과도한 양의 무효 트래픽을 생성하는 경우, 유튜브는 즉시 계정을 비활성화할 수 있다. 반면에 유튜브 크리에이터가 실수로 무효 트래픽을 발생시킨 것으로 보이는 경우, 문제가 해결될 때까지 해당 유튜브 크리에이터의 계정을 일시 중지한다. 가장 최악의 상황은 상습 위반자 및 고의적 무효 트래픽 유발 유튜브 크리에이터는 계정이 비활성화되고 유튜브의 광고 플랫폼 사용이 금지될 수 있다.

이러한 유튜브의 200가지가 넘는 무효 트래픽 감지 시스템을 통과해야 100만 이상의 떡상이 가능하다. 더욱 명심해야 할 사실은 무효 트래픽 감지 알고리즘은 더욱 정교하게 진화되어서 2021년 6월 이후 백만 이상의 떡상 영상을 채널별로 찾아보기 힘들어졌다. 그러기에 정교한 유튜브 무효 트래픽 감지 알고리즘을 속이려는 것은 자살행위라고 볼 수 있다. 실제로 유튜브 크리에이터나 유튜브 영상을 보면 폭발적인 조회 수와 구독자의 증가를 보이다가 갑작스럽게 노출이 안 되거나 계정이 폭파되었다는 이야기가 심심찮게 들려온다.

그 원인은 광고에 대한 무효 트래픽이 의도치 않게 감지되었을 가능성이 매우 높아 보인다. 유튜브 커뮤니티 가이드 시정 조치 통계로 채널과 영상 그리고 댓글이 얼마나 시정 조치가 되었는지에 대한 통계를 내 놓는다. 2021년 유튜브 데이터를 보니, 2021년 한해에만도 채널 삭제가 1분기 223만에서 3분기에 480만으로 2배 이상 증가했다. 댓글은 1억 개가 넘는 수준이다. 유튜브 100만 이상의 떡상을 기대한다면, 유튜브 무효 트래픽 알고리즘에 감지되지 않도록 유튜브 크리에이터 스스로 항상 주의해야 한다.

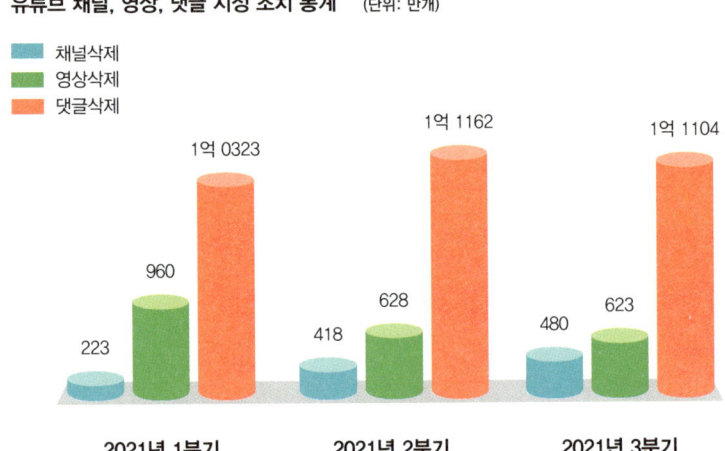

<유튜브 필터링 시스템 작동 통계>

출처: 유튜브 커뮤니티 가이드 시정 조치 통계

공유를 많이 하도록 유도하라

바이럴 및 소셜미디어 전문가인 스콧 스트라튼에 따르면, 소셜 콘텐츠가 널리 확산되기 어려운 이유는 제1집단을 벗어나지 못하기 때문이라고 말했다. 소셜 콘텐츠가 공유되고 확산되는 과정에 있어서 나로부터 시작해 1단계부터 3단계를 거쳐 확산이 되는데, 대부분 그 첫 단계인 제1집단에 그치기 때문이라고 했다. 스콧 스트라튼이 말하는 콘텐츠 공유의 3단계 집단은 다음과 같다.

제1집단 - 가장 직접적으로 가깝게 연결된 사람이다. 가족이거나 친구 그리고 선후배 등이다. 소셜 미디어상에서는 팔로워이거나 구독자가 해당한다. 나를 이해하고 밀접하게 연결이 되어 있기에 콘텐츠를 공유한다.

제2집단 - 두 번째 단계인 제2집단은 제1집단 구성원의 지인이다. 즉, 나의 친구의 친구, 가족의 친구이고 팔로워나 구독자의 지인이기에 나의 콘텐츠를 봐 줄 가능성이 높다. 여기까지는 그렇게 어려운 일이 아니라고 말한다. 그러나 문제는 바로 제3집단이다.

제3집단 - 제2집단의 친구들이다. 즉, 나의 친구의, 친구의 친구이다. 정말 콘텐츠에 흥미가 있지 않다면, 공유되기는 쉽지 않은 집단이다. 거꾸로 말하면 이 집단까지 공유가 된다면 콘텐츠가 널리 퍼질 수 있다는 것이다.

유튜브 크리에이터의 콘텐츠가 널리 공유되기 위해서는 제3집단을 움직일 수 있어야 한다. 어째서일까? 제1집단은 유튜브 크리에이터를 가장 잘 알고 사랑하는 사람들이다. 이 때문에 이들은 유튜브 크리에이터가 어떤 콘텐츠를 만들어도 일단 공유를 하고 본다. 따라서 이들이 공유하는 것에는 크게 의미를 둘 수 없다.

단계를 넘어갈수록 흥미와 기여도 등에 대해서 고민을 할 것이고, 그것이 없다면 공유되지 않을 것이다. 바로 그 3단계 무리를 움직일 만큼 흥미롭거나 가치 있는 콘텐츠가 그들에게까지 공유된다면 떡상이 될 가능성이 커진다.

이러한 단계를 넘어 더 넓은 집단으로 공유되는 과정은 알고리즘이 첫 번째, 두 번째, 세 번째로 확산되는 것과 흡사하다. 즉, 이러한 공유는 훨씬 더 강하게 알고리즘의 파도를 탈 가능

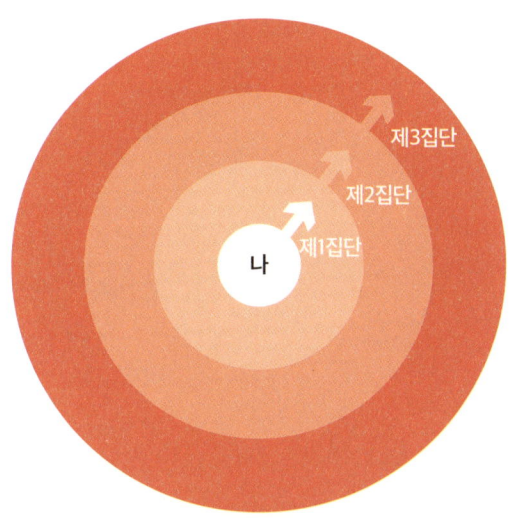

<콘텐츠 확산의 3가지 집단> (저자 재구성)

참고: 도서 《The book of Business Awsome》

성이 높다고 볼 수 있고 떡상을 이룰 가능성이 높다.

아래 그래프는 타이거럽의 영상 중 100만 떡상을 이룬 동영상의 조회 수와 공유 수를 비교한 그래프 분석표이다. 조회 수가 상승할 때 공유 수도 확실히 많이 늘어나 있음을 알 수 있다. 거의 조회 수와 공유 수의 그래프 흐름이 같다고 해도 과언이 아니다.

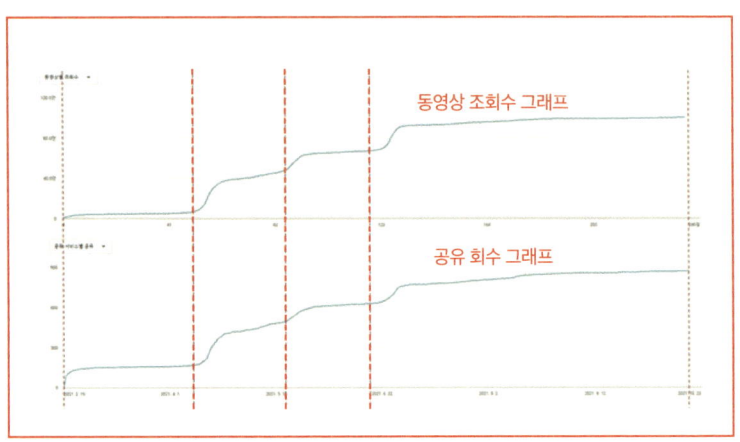

<조회수와 공유회수의 비교 그래프>

그러면 사람들은 얼마나 공유를 할까? 3집단까지 공유한 것은 알 수 없기에 2집단까지라도 도달하는 비율을 파악하기 위하여, 타이거럽이 실제 구독자 및 시청자를 대상으로 설문 조사를 진행하였다. "영상 시청 후 다른 분에게 '공유'한 적이 있습니까?"라는 질문에 단 한 번이라도 있다가 41%, 없다가 59%의 결과가 나왔다. 이 설문은 일반 시청자에게도 오픈된 설문으로 꼭 타이거럽의 구독자만이 참가한 것만이 아닐 것으로 추정된다. 총 2,000명의 참가자 중 공유한다가 41%로 절반은 안되지만, 약 800 명이 공유한다는 것을 알 수 있다. 만약

이 공유하는 비율이 제3집단에서 더욱 높아진다면, 타이거럽은 떡상 영상의 숫자가 지금보다 많아질 것이 분명하다.

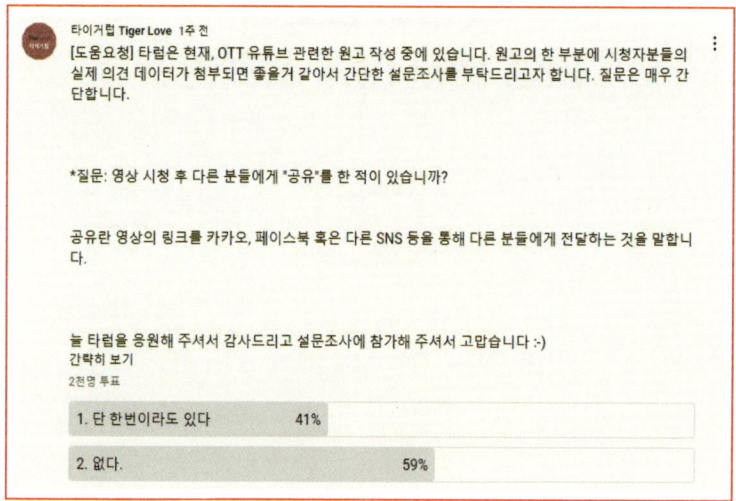

<영상 공유 여부 설문조사 내용>

4-3

팬덤이 광고에
짜증 내지 않게 하려면?

저자는 친한 독자에게 유튜브 하루 사용 패턴에 관해서 물어본 적이 있다. 그중 하나의 예를 소개해 보겠다. 경기도가 집인 은행에 다니는 A 씨는 하루를 유튜브로 시작해 유튜브로 마무리한다. 7시30분 아침 출근길 광역버스 안에서 유튜브로 타이거럽, 판다럽 영상을 비롯한 자신이 좋아하는 동물 영상을 보면서 서울에 있는 회사에 도착한다. 유튜브 시청 시, 중간에 붙어있는 광고는 유튜브 크리에이터의 주요 수

익원임을 알고, 5초~15초 광고는 의무적으로 보며, 미드롤 광고를 30초 정도는 삭제하지 않고 본다. 또, 점심시간이 되면 식사 후 쉬는 시간에는 선잠을 청할 수 있는 자연의 소리 모닥불이나 잔잔한 빗소리 등을 포함한 ASMR(Autonomous Sensory Meridian Response) 마음을 편안하게 하는 소리나 영상을 유튜브로 들으며 휴식을 취한다. 퇴근길에도 버스 안에서 업데이트된 타이거럽, 판다럽 영상 및 동물 관련 영상을 본다. 집에 도착해서는 하루를 마무리하며, 댓글도 달고 동물 커뮤니티에서 소통 후 잠을 청한다.

이 시청자는 타이거럽과 판다럽의 찐 팬이기에, 유튜브 광고를 보면서 몇몇 업체의 광고 물품을 구매했다고 한다. 그러나 대부분 시청자는 광고를 스킵하거나 재미없으면 동영상 시청을 중지해버린다. 그 이유는 수많은 동영상을 꼼꼼히 볼 필요도 없는데, 광고까지 볼 이유가 없기 때문이다. 그런데 유튜브 알고리즘은 기가 막히게도 내 채널에서 노출된 유튜브 광고에 대한 시청자의 짜증 정도를 치밀하게 파악하고 있다.

예를들어 논문 컨설팅이라는 광고가 저자에게 추천되었을 때, 유튜브 알고리즘의 정교함에 대해서 고개를 절레절레 흔들 수밖에 없었다. 2021년 1월부터 7월 중순까지는 저자는 논문에 초집중한 시기였다. 그리고 이 책을 집필하기 위해 여러 논문 자료를 찾았는데, 논문 컨설팅 광고가 눈앞에 딱 펼쳐졌다. 유튜브 알고리즘이 정확히 저자의 니즈와 맞는 광고를 맞춤식으로 추천한 것이다. 이미 저자의 선호 콘텐츠는 물론, 나라는 사람의 학업적인 배경과 비슷한 연령대의 선호 데이터를 제대로 선별해내고 있음을 의미한다. 특히, 이 광고가 나온 영상 콘텐츠는 전혀 논문 제작 업체와 상관없는 남녀 심리 이야기에 관련된 채널을 저자가 시청한 상황이었다. 즉, 당시의 상황에서 저자에게 가장 필요한 광고는 논문 컨설팅 광고가 적합했다고 알고리즘에서 파악해서 제대로 맞춤식 광고를 노출 시켜준 것으로 볼 수 있다.

또 다른 정치 채널에서는 중간광고에서 의자 광고가 나왔다. 이 광고 역시 저자는 건너뛰기를 할 가능성은 매우 낮아 보인다. 논문을 작성하는 저자에겐 편안한 의자는 꼭 필요한 아이템일 가능성이 높다는 유튜브 알고리즘의 정교한 분석이, 정확하게 이 광고에 녹아 있는 것이다. 즉, 이 채널은 유튜브 알고리즘에서 시청하는 사람의 성향을 제대로 분석하고 광고 클릭률을 높여서 광고수익 극대화를 가져가고 있음을 알 수 있다.

반면에 수십만 명의 구독자를 가지고 있는 정보 채널에서는 게임 광고가 추천되었다. 본 저자가 구독한 지 꽤 오래되었음에도 불구하고 아직도 광고 부문에서는 알고리즘 최적화가 되어 있지 않았다. 본 저자는 게임을 전혀 좋아하지 않는다. 그런데, 게임 광고가 나온 것이다. 이것을 어떻게 해석해야 할까? 아마 수십만명의 구독자와 많은 조회수를 가지고 있는 정보 채널이지만, 생각보다 CPM(광고비용)은 높지 않게 나올 것이며 생각보다 광고 수익이 높지도 않을 것으로 추정된다. 이 부분에서 유튜브 크리에이터들은 반드시 나의 광고 수익 모델이 유튜브 알고리즘에 최적화 되어 있는지를 파악해야 한다.

또 하나의 광고 예로는 저자가 구독한 또 다른 동물과 관련된 채널인데, 이 채널 역시, 저자가 한번 구매했던 샤워기 데이터를 어떻게 알고, 가장 적절하게 광고를 노출해주었다. 이 채널 역시, 유튜브 광고 알고리즘에 데이터가 최적화되어 있음을 알 수가 있다.

내 채널이 유튜브 알고리즘 광고에 최적화되어 있는지를 어떻게 알수가 있을까? 지인 찬스를 사용하여, 지인에게 내 채널의 영상을 보게 한 후, 그 지인의 잠재적인 니즈에 맞는 광고가 나오는지를 확인해보면 알 수가 있다. 영상 시청자가 관심을 가질 만한 광고(요리법, 화장법, IT 기기 조작법 등)가 영상마다 맞춤식으로 나온다면, 채널 운영자와 유튜브(구글)의 광고 수익은 확대되는 것은 분명하다.

결론적으로, 팬덤이 광고에 짜증 내지 않게 하려면? 그 답은 유튜브 광고 알고리즘에 시청자의 데이터 최적화가 선행되어야 함은 물론, 나의 채널 유효 광고 클릭률이 높다는 것을 인지시켜야 한다. 그래야, 유튜브 알고리즘은 유튜브 크리에이터 콘텐츠에 대한 시청자의 잠재된 상품과 서비스 수요를 파악하여, 적절한 광고를 시청자에게 맞춤식으로 노출해 줄 수 있다. 이러한 광고수익모델 최적화는 나의 유튜브 채널 수익과 직결화되어 있으므로 최적화 여부를 반드시 살펴야 한다.

4-4
알고리즘 파도타는 기술 9
인트로 골든타임 8초를 지켜라

　　　　4차 산업혁명이라는 디지털 혁명이 일어날 즈음인 2015년 모 신문에서 이런 제목을 본 적이 있다. "인간의 집중시간 금붕어보다 짧아졌다." 웃기면서도 매우 와닿는 제목이었다. 집중도가 짧아진 이유는 스마트폰이라고 한다. MS 캐나다가 조사한 '주의 지속시간'에 대한 소비자 연구 보고서에, 인간이 한 사물에 집중하는 평균 시간이 2000년 12초에서 2013년 8초로 감소했다는 것이 시선을 끈다. 이는 금붕어의 평균 주의 지속시간인 9초보다 1초 짧은 수치로 그만큼 현대인은 집중력이 과거보다 떨어진다는 결론이었다. 그러면, 이러한 사람들의 집중도는 유튜브 동영상에 대한 집중도와 비교했을 때 어떻게 나타날까? 콘텐츠에 따라 다르겠지만, 타이거럽의 100만 영상 데이터에 나타난 데이터를 살펴보면, 특히 인트로 30초 구간에서도 절반이 넘는 약 61%의 시청자가 시청을 지속하여 타이거럽의 다른 일반적인 동영상 실적과 같다고 되어 있다. 2013년의 사람의 주의 집중시간이 8초인 거에 비하면, 매우 높은 수치라고 볼 수 있다.

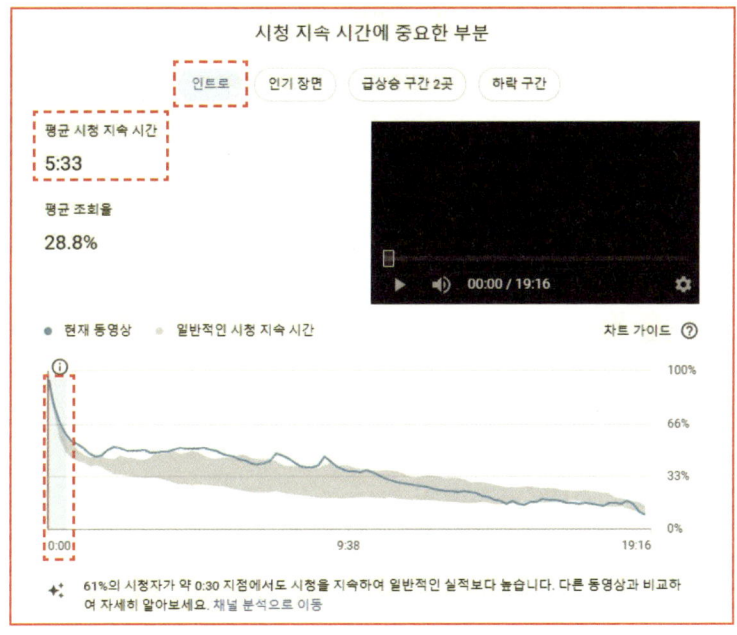

<떡상 영상의 콘텐츠 관심도 데이터-인트로>

인트로뿐만 아니라 영상 전체의 인기 장면에서는 평소보다 길게 시청하고 있다고도 분석이 되어 있다. 115만 클릭 수의 19분 영상의 평균 시청 시간이 5분 33초는 엄청난 수치다. 다만, 영상길이가 19분이라, 10분까지의 평균 지속시간 비율은 50%선을 유지하지만, 후반부로 갈수록 시청자의 집중도가 떨어지는 것으로 나타났다. 그럼에도 불구하고 전체 길이의 평균 지속

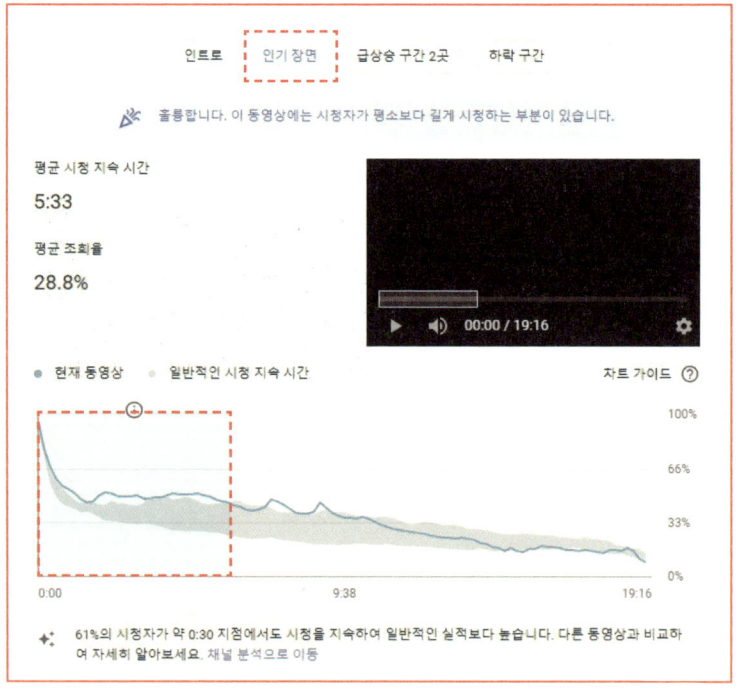

<떡상 영상의 콘텐츠 관심도 데이터-인기장면>

시간 비율이 35% 선으로, 노출 클릭률 기준인 평균 시청 시간 40% 선을 유지하고 있다. 즉, 시청자가 이 영상에 평균 이상의 집중도와 관심을 보이면, 이를 유튜브 추천 알고리즘이 감지하여, 광범위하게 노출하는 것을 알 수 있다.

아무리 좋은 팬덤을 지니고 있더라도, 인트로에서 그들의 관심을 끌어내지 못하면, 그 영상은 망테크의 지름길로 가게 된다. 인간이 한 사물에 집중하는 평균 시간이 8초라는 골든타임은 팬덤이라고 다르게 적용되지 않는다. 인트로 8초의 끌림을 절대 잊지 말아야 한다. 과연 여러분은 8초 만에 시청자의 눈을 사로잡을 수 있을까? 이 질문의 해답은 항상 고민해야 한다.

4-5
유튜브 스튜디오가 알려주는 팬덤 축소의 위험 신호
콘텐츠의 일관성이 무너졌다 – '자아 버블'을 피하라

　　　　　유튜브 크리에이터를 비롯한 콘텐츠 크리에이터는 셀프 플랫폼으로 존재하지만, 이미 시장은 포화상태인 레드오션으로 변한 지 오래된 것이 사실이다. 그러기에 유튜브 크리에이터로 오랫동안 생존하려면, 단순한 콘텐츠 제작, 직간접적인 광고수익에 그치지 않고, 자신의 콘텐츠를 브랜딩 할 수 있어야 한다. 그 브랜딩에서 가장 중요한 것은 콘텐츠 시청 타겟이 명확해야, 알고리즘이 더 많이 노출한다는 점이다. 이 부분은 유튜브 크리에이터가 절대적으로 지켜야 하는 과제이기도 하다.

예를 들어, 저자가 비지트 채널에서 호랑이 이야기만 타이거럽 채널로 독립시켰던 이유는 비지트 채널의 팬덤과 타이거럽 채널의 팬덤은 너무나도 달랐기 때문이다. 비지트의 4차 산업혁명, 전기차, 드론 등 미래 콘텐츠 안에, 호랑이 가족을 지속적으로 다루기에는 한계가 있었다. 미래 전략가가 왜 동물 영상을 다루느냐와 같은 저자의 정체성과 콘텐츠와의 미스매치에 대한 시청자들의 반응은 큰 이유가 되지 않았다. 하지만, 구독자 7백 명 대에서 과감히, 호랑이 콘텐츠를 독립시킨 가장 큰 이유가 있다. 물에 뜬 기름처럼 도저히 팬덤이 다른 두 부류에 지속해서 영상을 올리는 것이, 채널 운영적인 측면뿐만이 아니라, 구독자에게도 편안하게 시청할 수 있는 장마당을 깔아주지 못한다는 결론을 내려, 호랑이 영상을 독립시켰다.

비지트의 2020년 11월초 구독자 7백 명에 호랑이 영상의 경우 영상당 조회 수 2만 정도면, 구독자 대비 30배의 알고리즘 노출을 보여준다. 엄청난 조회 수를 수치로만 보면 떡상이다. 하지만, 구독자 수는 늘지 않았다. 비지트의 다른 콘텐츠와

섞이다 보니 팬덤의 확대는 더욱 어려워졌고, 그러한 현상을 표출하는 데이터는 지속해서 나타났다. 아래는 2020년 비지트 채널의 구독자 수 증가 현황이다. 호랑이를 다루기 전 약 200명이었던 구독자가 한 달 반 사이에 8백 명으로 늘어났지만, 비슷한 콘텐츠를 다루는 다른 채널에 비해서는 구독자 증가 수가 더디었다. 댓글 및 노출 클릭률, 총 조회 수 등을 종합해 검토한 결과 채널에 일관성이 없어 구독자의 유입이나 지속성을 가져오긴 힘들다는 결론이 도출되었다.

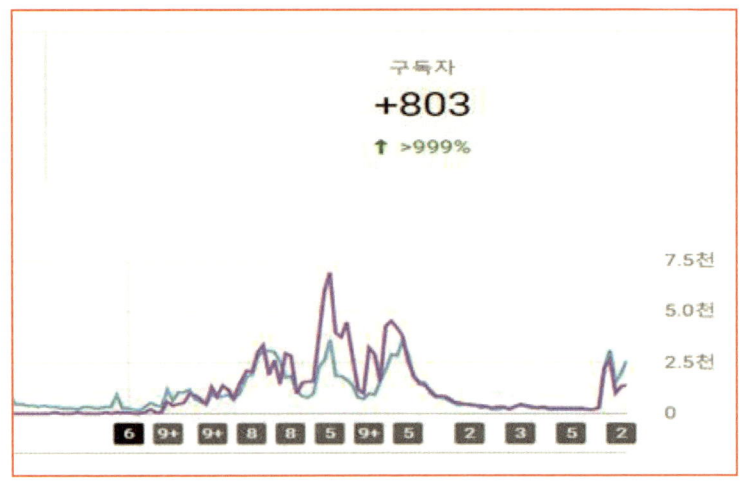

<구독자 변화>

출처: 유튜브 채널 '비지트(BeGT)'

팬덤이 축소된다는 것은 유튜브 스튜디오의 다음 데이터로 알 수가 있다.

- 구독자의 증가가 정체이거나 줄어들 경우
- 시청 평균 시간이 줄어들 경우
- 댓글 수가 현저히 줄어들 경우
- 노출 클릭률이 지속해서 감소하는 경우
- 공유수가 현저히 줄어들 경우

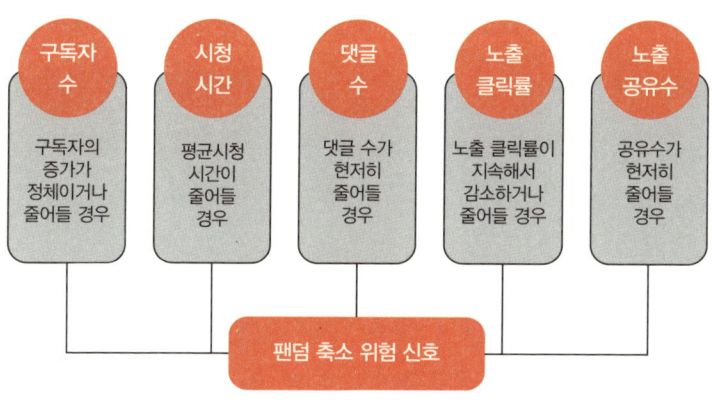

<팬덤 축소 위험 신호>

이 신호는 결국 내 채널의 콘텐츠가 팬덤에 일관성을 주지

못하고 있음을 알리는 매우 좋지 못한 신호이다. 이러한 신호를 유튜브 알고리즘에서는 제대로 파악하고 있으며, 이러한 경향이 계속되면 유튜브 알고리즘은 서서히 이 채널의 콘텐츠 노출을 줄여나간다.

그러면 왜 콘텐츠의 일관성이 무너지는 것일까? - '자아 버블'의 위험성 도래

처음에는 유튜브 크리에이터가 구독자나 시청자 의견을 존중해 준다. 특히, 오랫동안 이 콘텐츠를 봐온 이른바 찐 팬은 콘텐츠에 대한 이해도가 초보 유튜브 크리에이터 보다는 높은 것이 당연하다. 그러나 점점 영상이 인기를 끌게 되고, 자신의 인지도가 높아지고, 직간접적인 광고 수익이 생기다 보면, 찐 팬의 의사를 외면하고 유튜브 크리에이터 자신의 생각이 맞는다는 '자아 버블'에 빠지게 된다. 이러한 '자아 버블'이 심해질수록 찐 팬과 의견 충돌이 생기게 되고, 점점 찐 팬이 채널에서 떠나게 된다. 그렇게 되면 모든 유튜브 스튜디오 지표가 점점 낮게 나오게 되고, 결국 수익에도 문제가 생기게 된다. 이러한 악순환이 반복되면, 유튜브 크리에이터는 다른 수익이 날 수 있는 콘텐츠를 기웃거리게 되고 결국, 콘텐츠의 일관성은 무너지게 된다.

　이러한 일관성 붕괴를 방지하기 위해서는, 채널 찐 팬의 의견을 최대한 존중해주어야 하고 소통해야 한다. 물론 쉬운 일은 아니지만, 결국 유튜브 크리에이터에게 찐 팬은 소중한 자산이다. 찐 팬의 응원과 그들의 성원에 의해서 채널이 유지될 수가 있다. 결국 나를 지지해주던 찐 팬이 떠나는 순간 떡상은 고사하고 영상 제작이 어려워지는 상황까지 갈 수 있다. 변화무쌍한 세계인 유튜브 세상을 인지하고 유튜브 스튜디오, 커뮤니티, 댓글을 통해서 찐 팬의 동향 파악에 최선을 다해야 한다.

4-6

결론: 알고리즘과 친구가 돼라 – 파도를 타야 한다

알고리즘 파도를 타기 위해 하지 말아야 하는 것

제시 리버모어(Jesse Livermore, 1877-1940)는 "절대 시장을 이기려고 하지 마라, 이기려고 하면 할수록 큰 대가를 지불할 것이다."라고 했다. 이것을 유튜브 크리에이터들에게 적용을 해 보자. 시장은 팬덤이라고 말할 수 있겠다. 그 팬덤을 파악하고 있는 유튜브의 알고리즘이 콘텐츠를 추천한다. 즉, 유튜브 크리에이터가 팬덤을 파악하고 있는 알고리즘을 이기기 위해

갖은 수단과 방법을 사용하다가는 유튜브의 알고리즘이 노출을 축소시켜 오히려 채널이 몰락당하기 십상이다.

유튜브에서는 알고리즘의 '추천 동영상'으로 선택되는 것이 채널의 활성화 여부를 결정할 만큼 중요하다. 유튜브 시청자는 검색하거나 홈 피드 혹은, 보고 있는 영상 다음에 추천되는 것을 통해 영상을 '발견'하는데 유튜브 조회 수의 약 85% 정도가 추천 동영상으로 클릭이 발생한다. 일반 다른 포털과 달리 단 5%만이 검색에서 조회 수가 발생한다. 이러한 신의 간택은 크리에이터가 하나의 영역(영상미, 편집, 스토리라인, 소통 등등)을 잘한다고 선정 되는 것은 아니다. 복잡하게 얽혀 있는 알고리즘은 모든 부분을 통합하여 분석하며, 매우 정교하게 파악한다는 것이다. 콘텐츠 내용이 좋으면 된다. 편집이 재미있으면 된다. 썸네일을 잘 만들면 된다. 자극적인 단어를 사용해서 눈에 띄게 하면 된다. 영상을 자주 올리면 좋다 이런 각개 작전으로는 알고리즘의 물결을 타기 힘들다. 어쩌면, 해야 하는 것보다 하지 말아야 할 것을 잘 지켜, 알고리즘 타는 것이 더 쉬울 수도 있다. 다시 한번, 유튜브 알고리즘에 부정적인 행동을 자제할 것과 명심해야 할 것을 다음과 같이 당부한다.

첫 번째, 무효 활동이 지속되거나, 무차별한 다수의 영상을 올리는 것은 오히려 좋지 않다. 영상의 개수가 많지만, 구독자의 관심이 줄어들어 조회 수가 감소한다면, 그 또한 배척당하게 된다. 한 지인은 하루에 영상을 여러 개를 업로드 한다. 구독자를 위한 마음으로 하루에 여러 영상을 업로드하지만, 불행하게도 조회 수는 계속 줄어든다. 이 지인의 유튜브 스튜디오를 보지는 않았지만, 분명히 시청 지속시간과 광고 클릭률이 줄어들었을 것이다. 이러한 데이터에 의해서 그 채널 시청자의 시청 기록이 모두 알고리즘에 감지되었을 것이고 결국, 영상을 자주 올렸음에도 불구하고 오히려 알고리즘에 배척되어 버렸다. 그리고 한가지 알아야 할 사실이 있다. 유튜브의 알람 방침에 따르면, 한 채널 당 하루(24시간 주기)에 알람이 시청자들에게 제공되는 개수는 최대 3번이다. 그러기에 한 채널에 하루에 4번 이상의 영상 업로드는 시청자들에게 알람이 가지 않는다는 것을 알아야 한다.

두 번째, 어떠한 유혹이 들더라도 클릭베이트를 절대 해서는 안 된다. 일명 낚는다는 표현인데, 썸네일이나 제목에 킬포 장면과 내용을 잘 표현함에 있어 어느 정도의 클릭베이트는 존재할 수 있다. 그런데 클릭베이트가 도를 넘거나 횟수가 많아지면, 구독자는 그 채널의 영상을 클릭하는 횟수가 감소할 것이며, 평균 시청 시간 축소도 당연한 결과로 나타난다. 이러한 평균 시청 시간과 노출 클릭 수의 축소를 통해서 유튜브 알고리즘은 이 콘텐츠가 점점 시청자에게서 외면받는다는 것을 인식하게 된다. 거기에, 광고 클릭베이트까지 가미되면 채널의 비활성화와 심지어 채널의 축소, 일명 폭파까지도 유튜브 알고리즘에서는 진행이 가능하다. 그러기에 딥러닝으로 무장한 유튜브 알고리즘은 이러한 클릭베이트 문제도 필터링하는 수준으로 진화했다는 것을 잊지 말아야 한다.

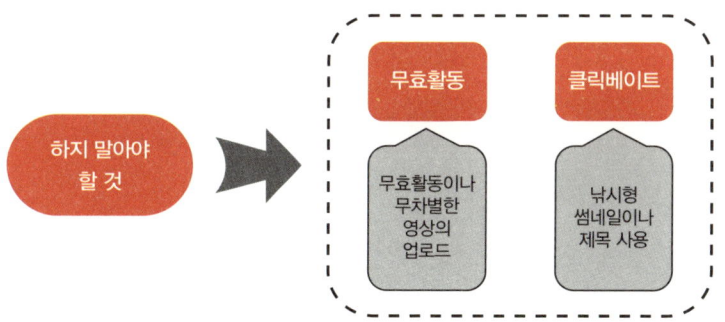

<추천 알고리즘 노출을 위해 절대 하지 말아야 할 행동>

지금까지 설명드린 하지 말아야 할 것들을 주의하면서, 다음에 언급되는 알고리즘 파도타는 9가지 기술(알파기술 9)을 다시 한 번 더 정리한다. 즉, 아래 9가지는 해야하는 것들이니 꼭 기억하기 바란다.

1. 알고리즘 파도타는 기술 1:

소수의 팬덤 충만을 잡아라

- 그들이 나의 채널의 불소시개다

2. 알고리즘 파도타는 기술 2:

노출 광고에 거부감이 들지 않게 팬덤이 공감할 수 있는 감동을 덧칠하라

3. 알고리즘 파도타는 기술 3:

클릭베이트를 삼가라

- 판단 기준: 높은 노출 클릭률과 절대적으로 낮은 시청 평균 시간

4. 알고리즘 파도타는 기술 4:

짧고 중독성을 갖춘 콘텐츠 노출 전략

- shorts 활용

5. 알고리즘 파도타는 기술 5:

유튜브 추천 알고리즘을 이해하라

- 시청자는 광고효과가 높은 콘텐츠에만 노출하는 '필터 버블' 고도화 주체

6. 알고리즘 파도타는 기술 6:

4-7-30 법칙을 기억하라.

- 업로드 골든타임 4시간, 노출 클릭률 7%, 영상 평균 시청 길이 30%

7. 알고리즘 파도타는 기술 7:

썸네일을 움직여라

- 3개 이상 만들되, 2시간이 지난 상황에서 노출 클릭률이 현저히 떨어질 경우 썸네일 교체

8. 알고리즘 파도타는 기술 8:

무효 트래픽을 줄이고 시청자들의 공유를 활성화시켜라

- 팬덤이 광고에 짜증 내지 않게 하려면?

9. 알고리즘 파도타는 기술 9:

인트로 골든타임 8초를 기억하라

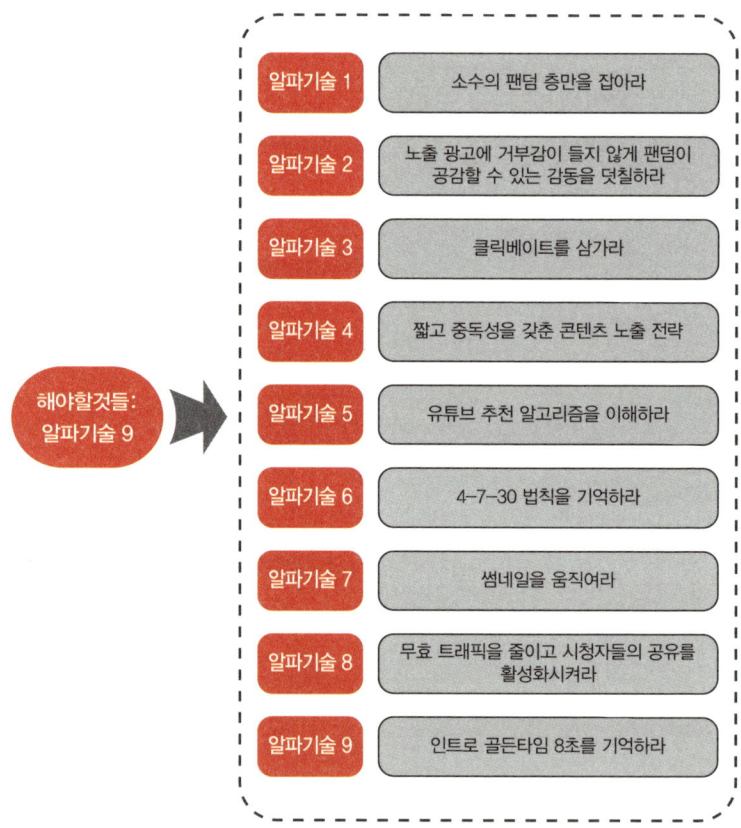

<알고리즘 파도타는 9가지 기술 - 해야할 것들>

위에서 언급된 알고리즘 파도타는 9가지 기술 외에도 유튜브 크리에이터는 다음의 추가 가이드 라인을 꼭 기억하여 채널 활성화에 도움 되기를 희망한다.

- 나의 주력 콘텐츠 카테고리와 다른 카테고리가 교차하지 않도록 할 것: 영화면 영화 콘텐츠, 드라마는 드라마 콘텐츠로만 설정할 것
- 만약 새로운 콘텐츠가 필요하면 채널을 별도로 운영할 것
- 내가 제작하는 콘텐츠 카테고리의 실시간 이슈에 대한 알고리즘 변화를 지속해서 모니터링할 것
- 새로운 팬보다는 나의 찐팬 관리를 지속적으로 할 것. 그들이 나의 추천알고리즘 노출의 핵심이다.

*알파기술 9: '알파기술 9'은 저자가 정한 '알고리즘 파도타는 9가지 기술'의 함축어이다.

에필로그

당신의 심장은 안녕하십니까?

　유튜브 크리에이터로 가장 필요한 자세를 묻는다면, 바로 멘탈갑과 강심장을 가져야 한다고 말하고 싶다. 대부분의 사람에게 유튜브 크리에이터라는 어감은 '콘텐츠를 만들어내는 아티스트'라기 보다는 '수익에 목적을 둔 사람' 정도로 인식된다는 점이다. 저자의 채널에도 이런 뉘앙스의 댓글을 찾아 볼 수 있었다. 몇 가지 공개하자면, "공학박사가 왜 유튜브 하세요?", "OTT 전문가가 왜 동물 채널 다루세요?", "떡상 영상 만들어서 수익 극대화 하는거 아닌가요"라는 댓글이다. 이러한 시선을 가진 사람들은 '오로지 유튜브 크리에이터는 창작활동이 아닌 돈을 벌기 위한 수단'으로 단정을 짓는다는 것이다. 과연 그럴까? 유튜브 크리에이터가 수익활동을 하는 것은, 노력에 대한 대가를 기대하는 것으로 당연한 이치이다. 창작활동이 수익으로 이어져야 그만큼 힘이 나고, 더 좋은 에너지로 지속적인 활동을 하게 되는 것은 더 말할 나위 없다.

그럼에도 불구하고 이러한 부정적인 시선이 존재하는 이유는 일부 유튜브 크리에이터가 행한 여러 뒷광고 논란이 더욱 이러한 생각을 부추겼을 수도 있다. 하지만, 앞에서 지금까지 이야기했듯이, 수익만을 위해 온갖 수단과 방법을 가리지 않는다면, 구독자나 알고리즘으로부터 배척당한다. 그것이 과연 유튜브 크리에이터가 원하는 것일까? 좋아하는 것이 수익으로 연결되는 선순환 구조라면, 유튜브 영상 제작에 더욱 열정을 더할 것이다. 하지만, 영하 15도 이하의 추위에서나, 영상 35도를 넘는 무더위 속에서, 얼마 되지 않는 수익을 위해, 하루 10만 원 이상의 비용과 온종일 시간 투자도 모자라 밤잠을 줄여가면서까지 편집을 하려는 사람이 과연 얼마나 있을까?

마찬가지로 저자는 그러한 환경에서 촬영하고 편집해 온 유튜브 크리에이터의 경험이 있기에 다른 유튜브 크리에이터의 콘텐츠와 영상에 담겨져 있는 그들의 노고가 그냥 보이지 않는다. 얼마나 많은 고민과 시간과 비용, 에너지를 투자했을지 안 봐도 훤히 보이기 때문이다.

더 심각한 문제는 이 업계에 경쟁상대가 너무나 많고, 이 경쟁은 점점 더 가속화되고 있다는 것이다. 이러한 경쟁은 더 자극적인 콘텐츠를 만들거나, 본인의 컨디션을 무시한 채, 무리해서 콘텐츠를 만들어내는 방향으로 이어가는 일이 발생할 수 있다. 그러다 보면 여러 형태의 악플을 만나게 된다. 크리에이터의 신상이나 원색적인 표현이 포함된 비난은 악플을 넘어서 또 다른 형태의 언어적인 테러라고 봐야 한다. 요즘은 이러한 악플이 더욱 심해져서, 익명성, 열등감과 스트레스에서 비롯된 비난성과 인신공격성을 동반하기에 저자를 포함한 유튜브 크리에이터의 유리 심장을 마구마구 깨트린다. 한 유튜브 크리에이터는 초보 유튜브 크리에이터 시절에, 지적형 댓글을 처음 받았을 때, 손이 떨리고 몸이 떨린다고 했다. 누군가, 괜찮다고 말해

준다면 그 떨림은 사라지겠지만, 그렇지 않았을 때는 건강에 악영향이 미칠 정도로 스트레스를 받게 될 것이다. 저자는 유튜브 활동이 콘텐츠의 데이터 경험을 쌓기 위한 필드라고 생각하기에, 이러한 악플을 그나마 잘 넘기는 편이다. 하지만, 다른 일반 유튜브 크리에이터에게는 이러한 악플은 정신적인 혼돈으로까지 이어진다. 유튜브 크리에이터가 되려면 멘탈갑과 강심장이 되어야 한다고 말해주고 싶다. 의견이 다를 수 있고, 보는 관점이 다를 수 있다고 생각하며 넘겨야 한다. 그렇지 않으면 심신에 위험 신호가 생길 수 있다. 악플을 즐겨라. 그리고 그들의 생각을 즐겨라. 세상은 참 천태만상인 걸 알게 된다.

유튜브 크리에이터의 미래는?
유튜브 크리에이터는 종착지가 아니라 브릿지로 삼아라

2020년 교육부와 한국직업능력개발원에서 실시한 '2020 초·중등 진로 교육 현황조사' 결과에 따르면, 초등학생의 희망 직업에서 유튜브 크리에이터, BJ, 스트리머 등 크리에이터(6.3%)가 4위로, 프로게이머(4.3%)가 5위로 나타났다. 특히, 눈여겨 봐야 하는 것은 초등 학생의 경우 2018년도에 크리에이터가 5위, 2019년도에 3위, 2020년에 4위를 차지하며 3년 연속 5위 내를 유지하고 있다. 그러면 10년 뒤에 유튜브 크리에이터를 비롯한 크리에이터는 어떠한 플랫폼에서 자신의 콘텐츠를 만들어나가게 될까?

<초·중·고등생의 희망 직업>

구분	초등학생	중학생	고등학생
1위	운동선수	교사	교사
2위	의사	의사	간호사
3위	교사	경찰관	생명·자연과학자 및 연구원
4위	크리에이터	군인	군인
5위	프로게이머	운동선수	의사

조사대상: 초 중 고생 2만 3,223명, 조사 기간: 2020. 7. 15.~10. 15.
자료출처: 교육부 보도자료

<초등학생의 희망 직업 비교(2009, 2018~2020년) - 상위 5개>

구분	2018년	2019년	2020년
1위	운동선수	운동선수	운동선수
2위	교사	교사	의사
3위	의사	크리에이터	교사
4위	조리사(요리사)	의사	크리에이터
5위	크리에이터	조리사(요리사)	프로게이머

자료출처: 교육부 보도자료

이제 모든 콘텐츠 제작자는 메타버스의 시대를 준비해야 한다. 2021년 10월 말, 페이스북은 메타(Meta)라는 이름으로 기업명을 변경하며 미래 비전을 드러냈다. 기존의 온라인 콘텐츠 기반에서 가상 캐릭터와 가상 현실로 이루어진 가상공간에서 이루어지는 일상생활이 코로나 팬데믹으로 우리 앞에 더욱 가까이 다가왔다. 이미 2021년 1월 미국 가전제품박람회인 CES

에서 가장 크게 이슈가 된 것이 바로 메타버스이고 일루미나리움사의 가상 동물원이 소개 되었다. 예정대로, 2021년 8월 애틀랜타 첫 번째 가상 동물원인 WILD : The World's First Virtual Safari가 오픈되었다. 그들의 자연 서식지에 있는 동물. Panasonic의 고급 대형 장소 네이티브 4K 레이저의 힘으로 프로젝션 기술, 50,000lm 밝기, 4K 해상도 및 생생한 Panasonic PT-RQ50k 색상을 구현하여, 관람객은 아프리카로 이동하여 자연 동물원 속으로 여행을 떠나게 된다. 상상이 현실이 되는 디지털 시대가 되었다.

메타버스는 '초월'이라는 뜻의 메타(Meta)와 '우주'를 의미하는 유니버스(Universe)의 합성어인데 모든 사회 분야에서 현실과 가상세계의 경계가 무너지는 것을 의미한다. 시장조사 업체 스트래티지 애널리틱스(Strategy Analytics)는 2025년 글로벌 메타버스 시장이 하드웨어 기기 매출만 약 300조에 달할 것으로 예측했다. 이러한 메타버스의 급성장과 가상 인플루언서 시장은 같이 성장해 나갈 것이다. 일본 유명 가상 인플루언서인 임마

(IMMA)는 일본 이케아의 모델로 유명세를 치르면서 최소 수십억의 수익이 나왔을 것으로 추정된다. 특히 주목할 점은 임마의 경우 일본 버추얼 모델로서 그동안 디지털 분야에서 힘을 잃어가던 일본 캐릭터 산업의 부활을 알리는 신호로 볼 수 있다.

이러한 메타버스와 가상 인플루언서를 만들어가는 콘텐츠 크리에이터의 시작점은 유튜브 크리에이터 활동이라고 생각한다. 유튜브 크리에이터를 하려는 성인이나, 초중고 학생들이 유튜브 크리에이터로서 영상과 스토리, 편집 그리고 데이터 분석, 시청자 반응에 대한 트레이닝을 거친다면, 메타버스와 가상 인플루언서를 제작할 수 있는 딥페이크(Deep Fake) 기술을 빌드업함과 동시에 미래의 콘텐츠 크리에이터로 생존 가능할 것이다.

특히, 유튜브 크리에이터가 되고 싶어 하는 초중고 학생에게 해 주고 싶은 조언은 유튜브 크리에이터를 최종 목적지로 정해두지 말았으면 한다. 물론 이것은 유튜브 크리에이터가 되려는 모든 분들에게 해당될지 모르겠다. 유튜브는 데이터의 보고이고 다중지능(1983, 하버드대학 교수인 가트너 박사가 고안해 낸 다중지능 이론)을 일깨울 수 있는 좋은 활동 무대이다. 메타버스 시대에 자신의 길을 찾아가기 위한 브릿지 역할로 유튜브는 매우 적합한 툴이라고 생각한다. 전쟁보다 더한 전쟁, 지옥보다 더한 지옥, 그 어떤 곳보다도 변화가 빠르고 경쟁이 치열한, 유튜브 크리에이터라는 정글에서 유튜브 크리에이터를 평생 직업이나 전업으로 삼아가기에는 득보다 실, 기쁨보다 상처가 더 많을 수 있다. 종착지로서가 아니라, 브릿지로서의 유튜브 크리에이터로 꿈을 키워, 자신이 가장 좋아하는 콘텐츠로 자신만의 채널을 운영해 보길 진심으로 추천한다. 이러한 경험이 쌓이게 된다면, 서서히 메타버스 시대에 진정한 미래 콘텐츠 크리에이터로 성장할 수 있을 것이다.

진정한 떡상은 유튜브 영상의 조회 수가 아닌, 다양한 꿈을 키우는 떡상, 미래 비전을 키우는 떡상, 창의성을 키우는 떡상이 아닐까? 유튜브라는 공간에서 당신의 맘속에 꼭꼭 숨겨진 잠재력을 찾아내고 맘껏 펼쳐 나만의 떡상을 만들어보자.

머릿속을 비우고 마음을 채우게 했던 '동물 애호 유튜브 크리에이터로서의 삶'

저자들은 미래 전략가로 비지트(BeGT)를 운영해 오면서 명목상이지만, 필요성에 의해 2017년 기업 유튜브 채널을 개설했다. 편집기술도 없고 저자가 직접 노출되는 것을 꺼려, 개설만 해 두고 영상 업로드는 전무했다. 지인인 모 PD가 저자들의 미래 전략을 대화식으로 풀어가자는 제안에도 선뜻 나설 수 없었던 것은, 화면에 얼굴을 노출하는 것이 매우 부담스러웠기 때문이다. 그래서 일정 부분 타협한 것이 4차 산업혁명에 관련된 영상을 조금씩 올리는 것이었다. 전적으로 시대의 트렌드를 읽어내는 사람들이 유튜브를 운영하지 않으면 안 된다는 강박관념으로부터 시작된 것이었다. 코로나 펜데믹으로 힘든 시기, 2020년 1월 미국 CES와 2월 스페인을 마지막으로 저자들의 해외 출장이 멈추게 되면서 저자들에게도 펜데믹은 비켜가지 않았다.

그러던 중 우연한 기회에 만나게 된 호랑이 가족들에 감동받아 시작하게 된 타이거럽 Tiger Love(타럽) 채널이 활성화되었고, 또 새로운 기회로 판다를 다루는 판다럽 Panda Love(판럽)까지 확장되었다. 새로운 것에 대한 갈급증, 머리가 아닌 몸과 마음을 채우는 것이 부족했던 시기에 만나게 된 소중한 친구들이었다. 만나러 가는 길이 즐거웠고, 보는 것이 신나고 힘이 났다. 보기 힘든 경이로운 가족애와 동물의 습성에 대해 관찰하고 분석하는 소중한 시간을 갖게 되었다. 이 가족들로 인해 채널을 운영하면서 저자들은 OTT 기반의 알고리즘 메커니즘에 대한 연구에 더욱 박차를 가하게 되었고, 메타버스에 관심을 두었던 저자들에게 가상 동물원에 대한 정보를 나누며, 미래의 동물원에 대해서도 고민하는 시간을 갖게 되었다.

본업과 박사 논문을 써야 하는 숨 쉴 틈 없는 상황에도 저자들은 자투리 시간을 내고 밤잠을 줄여가며, 촬영, 편집해 저자들을 응원하는 구독자에게 보답하기 위해 노력했다. 체감온도 영하 15도 이하의 강추위에도, 영상 35도가 넘는 불볕더위에도, 심지어 박사학위 최종 심사를 한 달 앞둔 어느 날에 겪게 된 불운의 교통사고로 병상에 있을 때도, 호랑이와 판다 가족에게 배운 사랑과 소통을 담기 위해 최선을 다했다. 특히, 이러한 어려운 상황에서도 응원의 소리 가득한 찐 팬을 많이 만나서, 정말 저자들은 행운이고 감사할 따름이다. 온라인 상에서의 소통을 넘어 오프라인에서 팬들과 인사를 나누는 건 또 그렇게 행복할 수가 없다. 이런 질문을 받은적이 있다. "왜 좋은 카메라 사지 않으세요?" 좋은 스마트폰은 구매했지만, 좋은 카메라는 살 수가 없다. 빠른 이동성과 자투리 시간을 이용해야 하는 저자들에겐 카메라는 치명적이다. 이런 악조건 속에 타 유튜브 크리에이터들보다 화질과 편집이 떨어짐에도 불구하고, 항상 응원해 주셔서 정말 감사하다. 함께 울고 웃고 했던 그 시간들을 잊을 수가 없다. 이러한 구독자와 시청자의 응원이 큰 힘이 되어, 한국콘텐츠진흥원의 평가위원과 한국과학창의재단의 전문가로 위촉될 수 있었다. '호랑이', '판다' 가족들과의 소통을 통해 나타난 행운의 나비효과는 어쩌면 저자의 직업과 인생을 바꾸게 한 스모킹 건이 아니었던가 싶다.

마지막으로 저자들의 채널을 응원해 주시고 힘을 실어 주신 구독자와 시청자분께 감사의 말씀 꼭 드리고 싶다. 그리고 이 책에 썸네일 사용을 기꺼이 허락해주신 '20세 버스 기사 이야기', '중년놀이터 Midlife TV', '충TV', '캐나다 트럭커 군복

남자', 'Imagine your Korea⁽한국관광공사⁾', '한세드론아카데미'에 감사의 말씀을 드린다.

유튜브 떡상의 비밀

초판인쇄	2022년 3월 10일
초판발행	2022년 3월 14일
지은이	전상훈·최서연
발행인	조현수
펴낸곳	도서출판 더로드
기획	조용재
마케팅	최관호
교열·교정	김현숙
디자인	문화마중
주소	경기도 고양시 일산동구 백석2동 1301-2 넥스빌오피스텔 704호
전화	031-925-5366~7
팩스	031-925-5368
이메일	provence70@naver.com
등록번호	제2015-000135호
등록	2015년 6월 18일

정가 15,800원
ISBN 979-11-6338-237-9 (13000)

파본은 구입처나 본사에서 교환해드립니다.